Ulrich Wilckens
Gunther Geipel

Theologie
als Lobgesang

Ulrich Wilckens
Gunther Geipel

Theologie als Lobgesang

Eintauchen in die Tiefe und Weite der Anbetung

GGE verlag

Geistliche Gemeinde-Erneuerung
in der Evangelischen Kirche

Papa emeritus Benedikt XVI.,
Prof. Dr. Robert Spaemann
und Prof. Dr. Wolfhart Pannenberg
in Dankbarkeit

„Wo es kein Geheimnis gibt,
gibt es keine Wahrheit."
Bertolt Brecht

„JHWE, Gott,
leidenschaftlich-liebend und
erbarmungsvoll, langmütig,
vielfach sich erbarmend und treu!"
Exodus 34,6

Impressum

Ulrich Wilckens, Gunther Geipel
Theologie als Lobgesang.
Eintauchen in die Tiefe und
Weite der Anbetung

© 2015 GGE Verlag
Arbeitskreis für Geistliche Gemeinde-Erneuerung
in der Evangelischen Kirche e.V., Schlesierplatz 16,
34346 Hannoversch Münden

www.gge-verlag.de
www.gge-deutschland.de

ISBN 978-3-9816293-5-4

Lektorat: Lorenz Reithmeier
Titelbild: robert/Fotolia.com
Umschlaggestaltung und Satz: Katja Gustafsson
Druck: GGP Media GmbH, Pößneck

Inhalt

Teil II: Lobpreis des drei-einen Gottes als Vollendung theologischer Arbeit

Vorwort
Joachim Reinelt

Als Kaplan an der Dresdner Hofkirche durfte ich von 1966-70 immer wieder Erwachsene auf die Taufe vorbereiten. Nicht rein sachliche Darstellungen katholischer Lehre öffneten bei den Katechumenen die Herzen, sondern die Freude am Glauben, der Jubel über die Geschenke Gottes, besonders in der Feier der Liturgie und dem gemeinsamen Lobgebet. Noch heute bin ich mit den damaligen Taufbewerbern verbunden. Nur einer von den Kandidaten verstand den Lobpreis Gottes und die Freude am Glauben nicht. Er blieb innerlich eiskalt. Ich wurde skeptisch und konnte durch einen Trick erkennen, dass dieser Mann von der Stasi beauftragt war, sich in unsere Gemeinde einzuschleichen. Das ist ihm nicht gelungen.

Nach dieser Erfahrung war mir deutlich geworden, wie Freude und Lobgesang über den Glauben existenziell notwendig sind für die Glaubwürdigkeit der Bekenntnisses. Es gibt kein „trockenes" Bekennen. Dem Geheimnis des Glaubens kann sich der Mensch nur im Staunen nähern. Wer sich von Gott unendlich geliebt versteht, kann sich bei all seiner Armseligkeit nur tief verneigen und anbeten.

Überzeugende Theologie ist von großen Theologen immer aus betendem Dialog mit Gott hervorgegangen. Möge der liebende Gott uns „weiter hinaus führen ins Weite", damit wir trotz unseres Stammelns über seine Größe immer mehr erfüllt werden aus der Quelle seines Wortes, um ihn dankbar zu preisen.

Dresden nach Epiphanie 2015
Joachim Reinelt, Bischof em. Bistum-Dresden-Meißen

Vorwort
Anna-Maria aus der Wiesche

Hanna Hümmer, die Gründerin der Communität Christusbruderschaft, betonte in jeder Verkündigung, dass der Mensch berufen ist zur Lebens- und Liebesgemeinschaft mit dem Dreieinigen Gott. Sie war der Überzeugung, dass dieses Geheimnis der Mensch nur durch den Heiligen Geist in der Anbetung von Vater, Sohn und Heiligem Geist erkennt. Das Geheimnis löst sich nicht auf, wenn der Mensch es erahnt, sondern je tiefer der Mensch die Liebe Gottes erkennt, umso mehr weiß er sich erkannt und hineingenommen in das Geheimnis dieser Liebe. Gott ist nicht ferne von uns. „Die Liebe ist da, wo du bist. Du hast nur noch nicht deine Augen aufgeschlagen, sonst wären deine Augen hängen geblieben in den Augen der Liebe Gottes." (Hanna Hümmer)

Genau diesen Weg gehen Ulrich Wilckens und Gunther Geipel in ihrem Buch: Theologie als Lobgesang. Die Lobpreisungen nehmen alle, die sie beten, mit, sie wecken das Staunen über die Liebe Gottes. So helfen beide Autoren den Lesern und Leserinnen, dass sie Sprache gewinnen, die Augen aufschlagen und zu ihrem ganz persönlichen Lobpreis finden. Mögen die Gebete viele Menschen entzünden, dass sie die Liebe Christi in der Breite, der Länge, der Höhe und der Tiefe erkennen, die Liebe, die doch alle Erkenntnis übertrifft (Eph 3, 18-19).

Epiphanias 2015
Priorin Anna-Maria aus der Wiesche,
Communität Christusbruderschaft

Teil I:
Theologie als Lobgesang und Anbetung

Gunther Geipel

Einführung:
Theologie als Lobgesang

Unter Schmerzen und mit Jubel – so haben viele Christen des Anfangs und bis heute ihren Herrn bekannt. Ihr Bekenntnis zu Jesus, dem Kyrios, war und ist nicht selten zugleich ihr Hinrichtungsgrund.

Und doch lag in ihrem Bekenntnis immer der Siegesjubel: angesichts der am Kreuz geschehenen Erlösung, im Blick auf die wirkliche und wahrhaftige Auferstehung Jesu und in der Erwartung seiner Wiederkunft in Herrlichkeit.

Ihr Bekenntnis war

- neben seiner Aufgabe als Weg und Ausdruck der Selbstfestlegung,

- neben seiner Gemeinschaftsfunktion,

- neben seiner Abgrenzungsfunktion gegenüber Irrlehren,

- neben seiner kerygmatischen Funktion, d.h. der Verkündigung in eine spezielle Situation hinein,

- und neben seiner katechetischen Funktion zur einprägsamen Vermittlung der Glaubensgrundlagen immer zugleich *Lobpreis und Anbetung.* Diese Funktion der Verherrlichung Gottes begleitet und durchdringt die fünf anderen Aufgaben.[1]

Dass das Bekenntnis, ja die gesamte Theologie „*Lobgesang"* (Origenes) und eine „*gottesdienstliche Handlung"* (Adolf Schlatter) sein kann, soll in diesem Buch ganz konkret deutlich werden.[2]

Bekenntnisaussagen sind sehr dichte Aussagen, ihre „Entropie" ist außerordentlich groß. Die wenigen Seiten des vorliegenden Buches enthalten die Grundsubstanz eines Lehrbuches der Dogmatik und einer theologischen Hermeneutik. So sind Bekenntnisse auch eine gute Medizin gegen die moderne Seuche, viel zu reden und dabei wenig zu sagen. Sie sind eine Schule der Konzentration.

Zugleich können Bekenntnisaussagen das in ihnen bezeugte Geheimnis „umspielen"; sie sind also nicht unbedingt an einer stringenten Einlinigkeit der Gedankenführung interessiert, sondern an der Annäherung an das Geheimnis – und so an seiner Anbetung.

Bei aller Dichte und Schönheit bleiben die christlichen Bekenntnisse ein unvollständiges Stammeln, weil die Größe Gottes von uns kleinen Menschen nie wirklich erfasst und benannt werden kann – auch in der Summe der Bekenntnisse der großen weltweiten Gottesfamilie nicht. „*Siehe, der Himmel und*

---

1 „Während das Kerygma an die Welt gerichtet ist, wendet sich das Bekenntnis unter dem doxologischen Aspekt zu dem zurück, der Ursprung aller Bekenntnisse ist, Gott in Jesus Christus. So ist der gottesdienstliche und liturgische Gebrauch von Bekenntnissen (vgl. Apostolikum und Nicaenum) fast selbstverständlich. Auch im Gebet des einzelnen oder der Gemeinde werden häufig Bekenntnisse verwendet. Ein Grundprinzip der römisch-katholischen Tradition lautet deswegen lex orandi-lex credendi (beten heißt glauben und glauben heißt beten). Ähnlich wie im Gebet, verehrt man auch durch das Bekenntnis den, der in ihm zum Ausdruck kommt." TRE 13, S. 439,35ff

2 Siehe dazu: Wilckens, Ulrich: Theologie des Neuen Testaments, Bd. I/1, Neukirchen-Vluyn 4. Auflage 2014, S. 64ff. Dort finden sich auch Verweise auf verwandte Aussagen bei Edmund Schlink und Gerhard Ebeling, aber auch die Analyse, dass die Gebetssprache im Zusammenhang einer Theologie des Neuen Testaments und im Bereich exegetischer Wissenschaft leider etwas Ungewöhnliches ist.

aller Himmel Himmel können dich nicht fassen...“ (1. Könige 18,27)

Und falls dem Leser manche sehr dichten und schwierigen Aussagen – insbesondere beim ersten der zehn Bekenntnisse- den Mut zum Weiterlesen nehmen sollten, will ich ihn ermutigen: Viele Begriffe und Aussagen werden sich im Fortgang der Lektüre wie „von selbst“ erschließen. Deshalb bitte einfach weiterlesen! Dabei ist nämlich eine wichtige Erkenntnisspirale wirksam: die zwischen den Teilen und dem Ganzen. Man versteht das Ganze eines Textes, indem man seine Teile versteht, und durch das Verständnis des Ganzen versteht man wiederum die einzelnen Teile immer besser. Und so geht es in der Spirale des Erkennens und Verstehens „bergauf“. – Damit wären wir bereits ein bisschen bei der „Hermeneutik“, der Lehre vom Verstehen, um die es in unserem Buch neben der Dogmatik in einigen Grundzügen ebenfalls gehen soll.

Der Blick auf das Große und Ganze, auf den Zusammenhang, ist zudem eine pädagogische Empfehlung. Das pädagogische Konzept des großen Bischofs und Pädagogen Johann Amos Comenius besagt: Beim Lernen haben Ganzheit und Ganzheitlichkeit den Vorrang. Anders als auf weiten Strecken der Forschung muss Bildung ihre Schwerpunktrichtung vom Ganzen zum Einzelnen haben. Es braucht ein gewisses Gesamtbild, das dann im Laufe der Zeit verfeinert wird.[3]

Dieser Ganzheitsblick entspricht auch unserem „Gegenstand“ in besonderer Weise. *„Christliche Lehre existiert nicht in Form von atomisierbaren Lehrsätzen“* (Joseph Ratzinger), sondern in der Einheit und Ganzheit, wie sie im Apostolischen und im Nicänischen Glaubensbekenntnis ihren reifen Ausdruck gefunden hat.

---

3 Völlig unabhängig davon hat Comenius' Zeitgenosse René Descartes (1596 -1650) diesen Gedanken auch grundsätzlich philosophisch zu entfalten gesucht: jeder Teil der Wirk- lichkeit könne als Teil eines Ganzen letztlich nur vom Ganzen her gedacht werden.

Im „Wir" der folgenden Bekenntnisse kommt die große Gemeinschaft und Einheit der Glaubenden zum Ausdruck. Es ist das „Wir glauben", in dem – wie Joseph Ratzinger sagt – *„das Ich des ‚Ich glaube' nicht aufgesaugt ist, aber seinen Ort erhält."*

Entnommen sind die zusammengestellten Aussagen der Heiligen Schrift und dem – ebenfalls aus der Bibel geschöpften und dann reich entfalteten – Bekennen unterschiedlicher Kirchen und unterschiedlicher Zeiten. Und welch eine Schatzkammer öffnet sich uns da! In den Kirchen des Westens wurde vor allem die Heilsgeschichte entfaltet, die sich in der Geschichte Jesu Christi entfaltet hat. In den Ostkirchen wurde im Bekennen der enge Zusammenhang der Schöpfung und damit der kosmisch-universellen Perspektive mit dem Heilsgeschehen in Jesus Christus gefeiert.

Außerdem sind in das erste der folgenden Bekenntnisse einige Aussagen aufgenommen, zu denen die antike und die neuere Philosophie und die modernen Einzelwissenschaften sozusagen unterhalb der hohen Gipfel der göttlichen Offenbarung auf natürlichem Wege gefunden haben – und die sich mit den Wahrheiten der Offenbarung decken.

Dass die historische und sachliche Vielfalt der Bekenntnisformulierungen der sprachlichen Homogenität schadet, ist verständlich. Meine Hoffnung ist aber, dass es letztlich doch so ist wie bei vielen Kirchen: sie sind harmonische Bauwerke, auch wenn sie im Laufe ihrer langen Baugeschichte eine Mischung aus verschiedenen Stilepochen geworden sind.

„Theologie als Lobgesang" ist bewusst das erste Buch einer kleinen Reihe, die noch unausgereift im „Weinkeller" meiner Entwürfe schlummert und die – wenn Gott Gnade gibt – nach und nach erscheinen soll. Erst wird geglaubt, bekannt und gesungen, dann geforscht, reflektiert und argumentiert! So wird dann auch das nachfolgende Forschen und Denken in seiner höchsten Zielrichtung gestärkt: aus Exegese wird

Exaltation, aus Dogmatik wird *Doxologie, aus Theologie wird Theopoesie.*[4]

Zugleich soll mit unserem Bekennen vor dem Argumentieren eine Grundstruktur menschlichen Forschens und Denkens bewusst gemacht werden, die uns oft unbewusst ist: Ohne bestimmte Grundannahmen, ohne „Axiome", die des Glaubens würdig sind (griech. „axios" = würdig), gibt es keine Wissenschaft und keine Philosophie. Das *„credo ut intelligam"* (lat., „ich glaube, damit ich erkennen kann") des Anselm von Canterbury (1033–1109) ist nicht etwa nur "fromm", sondern für „Fromme" wie „Unfromme" ein unhintergehbares und unausweichliches Prinzip des Erkennens.

Mit seinen Bekenntnissen will dieses Buch auch ein Beitrag zum Gesprächsprozess um Bibel und Kirche in der Ev.-Luth. Landeskirche Sachsens sein – und dabei eine Stimme aus den Reihen der „Sächsischen Bekenntnisinitiative" und der „Geistlichen Gemeinde-Erneuerung" zu Gehör bringen.[5] Es will ein „Protestbuch" sein.

Allerdings meint das „pro" im Lateinischen doch eindeutig *„für"* und nicht „gegen"; Protest bedeutet also, für etwas Zeugnis abzulegen. Das schließt dann freilich – aber erst in zweiter Linie – Abgrenzung und Widerspruch ein. Bekenntnisse machen *„entscheidende und scheidende Aussagen"* (Christian Bunners/ Traugott Vogel). Zuerst aber wollen sie – und das wollen auch wir in diesem „Protestbuch" – für etwas eintreten.

Man kann den theologischen Verfall in manchen Bereichen der Kirche beklagen und bedauern. Und es ist nötig, die Diagnose klar und scharf zu stellen; nur so kann energisch nach einer Therapie gesucht werden! Aber dann muss eben

---

4 Aus Auslegung wird Erhöhung, aus Glaubenslehre wird Lobpreis/Verherrlichung, aus Gotteslehre wird Gottesdichtung.
5 Den Brüdern der „Sächsischen Bekenntnisinitiative" verdanke ich auch manche Anregungen zu den vorliegenden Bekenntnissen.

auch nach Therapiemöglichkeiten gesucht werden, statt in Klage zu verharren oder gar in Resignation zu erstarren! Emanuel Geibel hat das einst so gesagt:

Das ist die beste Kritik an der Welt,
wenn man neben das, was einem missfällt,
etwas Eigenes, Besseres stellt.

Das versuchen die hier vorliegenden Bekenntnisse - auch wenn es bei der impliziten Kritik an der Welt um die „Welt" in der Kirche mit ihrer *„Selbstsäkularisierung"* (Wolfgang Huber) geht.

Genau genommen enthalten die Bekenntnisse jedoch wenig „Eigenes", was da neben das Kritikwürdige gestellt wird. Sie übernehmen viele alte Schätze und stehen auf den Schultern derer, die vor uns geglaubt, bekannt und angebetet haben.[6] Bernhard von Chartres (1080 -1167) sagte: *„Wir sind Zwerge, die auf den Schultern von Riesen sitzen. Wir können weiter sehen als unsere Ahnen und in dem Maß ist unser Wissen größer als das ihrige und doch wären wir nichts, würde uns die Summe ihres Wissens nicht den Weg weisen."*

Neu ist lediglich die Zusammenstellung der Bekenntnisaussagen. Dabei dürfte insbesondere die *vielgestaltige Rühmung des vielgestaltigen „Logos"* so noch nirgendwo zu lesen sein. Gleichzeitig wird durch die Konzentration auf Jesus Christus als dem Mensch-gewordenen Logos der Zersplitterung, der fruchtlosen Spekulation und dem Verlust des Zentrums gewehrt.

Die abgedruckten Bekenntnisse sind letztlich als Praxishilfen gedacht. Ich selbst nutze sie gerne als Lobpreis-Gebete und werde dadurch mitten im „Klein-in-Klein" des Alltags in die Weite geführt und „in die Höhe gerissen". Nur durch Wiederholung erschließen sich uns Bekenntnisse als Aussagen

---

6 Zwei der zehn Bekenntnisse sind sogar im Gesamttext so weitergegeben, wie wir sie überliefert bekamen; und das lange trinitarische Lobpreisgebet von Johannes Heber habe ich nur leicht überarbeitet.

in besonderer Dichte und mit besonderem Gehalt mehr und mehr. Und Gott wir nicht müde, sich unser Lob gefallen zu lassen, sich an unserem Loblied zu erfreuen, das uns selbst ebenfalls erfreut. Er wohnt im Lobgesang seines Volkes.

Und das wollen die Bekenntnisse gerade nicht: den Weg zur Quelle ersetzen. Sie wollen vielmehr ermutigen, dort zu schöpfen, wo auch sie geschöpft wurden: [7]

„... auch einer Quelle gleicht die Heilige Schrift, einem Brunnen, der ergiebig sein Wasser spendet und stets reichen Zufluss hat... Wundere dich nicht, wenn wir diese Erfahrung machen; die vor uns lebten, schöpften nach Kräften von diesem Wasser, und die nach uns leben werden, werden von neuem schöpfen, und auch sie werden den Quell nicht erschöpfen, im Gegenteil, es mehrt sich der Zufluss und werden ergiebiger die Wasser."

(Johannes Chrysostomos, gest. 407)

---

[7] Am besten also, das Buch der Bücher öffnen und lesen! Mein Online-Literaturführer „... das Gute behaltet. Ein wissenschaftlicher und praktischer Literaturführer zur Bibel" bietet zudem mehr als 2.800 direkt und indirekt einschlägige Titel zur Erweiterung und Vertiefung: http://www.bekenntnisinitiative.de/images/downloads/Das_Gute_behaltet_Literaturfhrer2.pdf

1. Logos-Credo:
Innerstes Geheimnis der Welt

„Im Anfang war das Wort,
und das Wort war bei Gott,
und Gott war das Wort.

Dasselbe war im Anfang bei Gott.
Alle Dinge sind durch dasselbe gemacht,
und ohne dasselbe ist nichts gemacht, was gemacht ist."[8]

Das göttliche Wort, der schöpferische Logos,
der Himmel und Erde aus dem Nichts erschuf,[9]
ist das große Geheimnis der Entstehung und des Wesens der Welt.

Mit dem Geheimnis der Schöpfung durch das göttliche Wort,
von dem Israel durch göttliche Offenbarung erfuhr,
erblicken wir das wunderbare Werden
und das tiefe Wesen aller Dinge.

Die Schöpfung, die uns umgibt und die wir selbst sind,
ist eine Sprachwirklichkeit.
Der Logos „das ewig-sprechende Wort"[10],
ist Wirkursache[11] und Zielursache[12] zugleich.
Er ist Quelle, Träger und innerstes Strukturprinzip der Welt.

---

8   Johannes 1,1-3
9   Genesis 1
10 Jakob Böhme
11 causa efficiens, Kausalursache. Wodurch?
12 causa finalis, Finalursache. Wozu?

Der Logos ist immer aktiv und schöpferisch,
nicht bloßes „Sein", wie die Griechen es meinten,
sondern stetig am Tun, wie die Hebräer es wussten.
Er ist immer belebend und neu, dabei beständig und treu.

Der Logos ist
„die Ursprung gebende
und umgreifende Macht allen Seins",
und damit sind
„Gedanke und Sinn nicht nur
ein zufälliges Nebenprodukt des Seins",
sondern seine innerste Struktur.[13]

Der Logos bleibt nicht Gedanke,
die geschaffene Welt ist nicht nur Schein,
vielmehr ist und wirkt der göttliche Logos
„eine schöpferische Freiheit,
die das Gedachte wiederum in die Freiheit eigenen Seins setzt,
sodass es einerseits Gedachtsein eines Bewusstseins
und andererseits doch wahres Selbersein ist."[14]

So ist mit dem Logos an der Spitze „eine Freiheit gegeben,
die denkt und denkend Freiheiten schafft
und so die Freiheit zur Strukturform allen Seins werden lässt."[15]

Freiheit, Wahrheit, Verstehbarkeit
und Sinn als Wesen des Logos
werden zum Wesen der geschaffenen Welt.

---

13 Joseph Ratzinger
14 Joseph Ratzinger
15 Joseph Ratzinger

Zudem ist die ganze Welt durch den Logos ein großes
und immerwährendes Gespräch, ist bleibender Nachhall
und der immer neue Spruch des göttlichen Wortes.
„Das Wort Gottes ist der Inbegriff aller Dinge,
die von Gott geschaffen sind."[16]

Die Welt als Sprachschöpfung
ist ein umfassendes und komplexes
Kommunikationsgeschehen.
Sie lebt „vom Primat des Logos in allem, was ist",
sie ist „gesprochenes Sein",
„sprechendes Sein" und „kommunizierendes Sein".[17]
Nicht nur der Mensch kann
„nicht nicht kommunizieren"[18].
Die gesamte Schöpfung ist ein gewaltiges
und immerwährendes kommunikatives Geschehen,
ist durch den Logos ein großer „Dia-logos".

Der Regenwald kommuniziert mit den Wolken,
die Blume mit der großen Sonne
und mit der kleinen Biene,
Elementarteilchen und Galaxien
sind nicht einsam und stumm.

Die schier unendliche Zahl der geschaffenen Wesen
steht durch den Logos über alle Unterschiede
und Begrenzungen hinweg in Kommunikation.
Alle leben so in einer großen Kommunionalität.

---

16 Thomas v. Aquin
17 Paul-Werner Scheele
18 Paul Watzlawick

Die Schöpfung schweigt auch uns Menschen nicht an,
sondern redet beständig zu uns,
vermag uns zwar nicht alles über Gott zu sagen
und verrät uns nicht den Weg zum Heil,
aber sie flüstert und ruft uns vieles zu über sich selbst
und die Größe und Schönheit ihres Schöpfers.

„Die Himmel erzählen die Ehre Gottes,
und die Feste verkündigt seiner Hände Werk.
Ein Tag sagt's dem andern,
und eine Nacht tut's kund der andern."[19]

Das kunstvolle „Buch der Natur"
ist mit dem Poetenwort des göttlichen Autors geschrieben.
Und weil der Mensch durch den inneren Logos
am Logos der Schöpfung Anteil hat,
kann er dieses Buch mit offenen Augen, Ohren und Herzen
hören, lesen, empfinden und bestaunen:

„Wenn ich, o Schöpfer, deine Macht,
die Weisheit deiner Wege,
die Liebe, die für alle wacht, anbetend überlege:
so weiß ich, von Bewundrung voll,
nicht, wie ich dich erheben soll,
mein Gott, mein Herr und Vater!"[20]

Die Schöpfung singt ihrem Schöpfer
ihr vielgestaltiges Lied,
und auf vielfältige Weise redet sie
untereinander und zu uns.[21]
Die ganze Welt ist eine Rede an die Kreatur
durch die Kreatur."[22]

---

19 Psalm 19,1f
20 Christian Fürchtegott Gellert
21 So hat z.B. der Biologe Jakob von Uexküll (1864 - 1944) eine „Biosemiotik" angeregt.
22 Johann Georg Hamann

Inmitten der immerwährenden,
reichen und komplexen Kommunikation
der gesamten Schöpfung miteinander und mit Gott
steht der Mensch als Forschender und Staunender,
als Lauschender und Lobender.

Er hört und versteht,
er spricht und antwortet
als besonders vielsprachliches Wesen
und als Gegenüber und Kommunikator
mit besonders vielen Partnern:
coram deo, coram hominibus,
coram mundo, coram meipso.[23]

Vieles vernehmen wir im Klartext,
anderes verhüllt,
und vieles wird uns zum Gleichnis und Bild.
„Alle sichtbare Kreatur ist ein Gleichnis
und eine Fülle geheimnisvoller Lehren
und alle Kreatur ist Gottes Wort.“[24]

Unterhalb der Gipfel der Logos-Offenbarung
haben auch Philosophen und Forscher erkannt:
Der Logos ist Vernunft, Harmonie und Ordnung,
inneres Gesetz und Sinn der Natur,[25]
Weltgesetz[26] und einigendes Prinzip
über den Gegensätzen der Welt.[27]

Die Welt trägt durch den Logos
das Siegel der Vernünftigkeit.
Diese zeigt sich im Miteinander
von Kontingenz und gesetzlichem Ablauf.

---

23 Martin Luther. Ich als Mensch bin Gegenüber zu Gott, zu den Mitmenschen, zur Welt
    und zu mir selbst.
24 .Martin Luther
25 Platon, Aristoteles
26 Stoische Philosophie
27 Heraklit

Sie wird erkennbar vom
„Prinzip der kleinsten Wirkung"[28]
bis zur Steuerung des großen Universums
nach wenigen Naturkonstanten und Gesetzen.[29]

Als „Geometrie", in Maß und Zahl
gab der Logos dieser Welt ihre Ordnung,
ihre große Schönheit und ihre Einheit.[30]
In der Logik der Zahlen können wir ihre Gesetze
und Beziehungen beschreiben.[31]

So ist die Schöpfung
„Ausdruck eines schöpferischen Vordenkens". [32]
Und in der Naturgesetzlichkeit offenbart sich
„eine so überlegene Vernunft ...,
dass alles Sinnvolle menschlichen Denkens und Anordnens
dagegen ein gänzlich nichtiger Abglanz ist."[33]

Der Logos gab der Welt
im Großen und Ganzen
und jedem einzelnen Wesen
seine Zielvorgabe und Zielgerichtetheit. [34]
Der gewaltige Kosmos ist auf den Menschen hin geplant,
sein „anthropisches Prinzip"[35]
wird für uns immer deutlicher,
je mehr wir ihn erforschen und „hören".

---

28 Aristoteles, Wilhelm von Ockham, William Rowan Hamilton, Max Planck
29 Albert Einstein
30 Pythagoreer, Euklid
31 Das „Rückgrat" der Naturwissenschaften!
32 Joseph Ratzinger
33 Albert Einstein
34 Teleologie. Der Begriff erst bei Christian Wolff, die Sache bei Platon, Aristoteles, in der
   Stoa, im Neuplatonismus, bei Augustin, in der Scholastik.
35 Alfred Russel, Wallaces Lawrence, J. Henderson Robert, Henry Dicke, Brandon Carter

Im Vernehmen der lauten und leisen
Notschreie der Schöpfung
und im Licht der göttlichen Offenbarung
müssen wir aber auch schockiert erkennen:
die Natur befindet sich in einem Zustand
der Störung und Zerstörung.

Da ist nicht mehr nur gute Harmonie,
sondern auch böses Chaos,
da ist nicht nur die Einheit im Gegensatz,
sondern Zertrennung und bittere Feindschaft.
Da ist die Sünde hereingebrochen;
und mit ihr Leid, Schmerz und Tod.

Wir empfinden den Schmerz
in den Tälern des eigenen Leides,
wir hören an vielen Stellen das Stöhnen der Kreatur
und vernehmen ihren dringenden Ruf nach Erlösung.

Wir stöhnen über unsere eigene Sünde und Schuld,
wir erkennen und bekennen:
auch wir haben zerstört,
auch wir brauchen Erlösung
aus dem Elend unserer Schuld
und von ihren grausamen Folgen.

Und mitten in diesem Tal
erblicken wir durch die Bibel hoch oben
und noch über den Gipfeln der Schöpfungsoffenbarung
den Retter und Erlöser,
den menschgewordenen Logos.

Wir sehen und hören das göttliche Wort,
das sich in Jesus Christus persönlich gezeigt hat.

„Und das Wort ward Fleisch
und wohnte unter uns,
und wir sahen seine Herrlichkeit,
eine Herrlichkeit als des eingeborenen Sohnes vom Vater,
voller Gnade und Wahrheit."[36]

„Gezeltet" hat der Logos unter uns.
Und damit hat er Gottes Herrlichkeit zu uns gebracht:
die Schechina-Herrlichkeit[37],
die Israel im Zelt der Begegnung erschienen war.
In Jesus erschien sie in vollendeter Leuchtkraft!

---

36 Johannes 1,14
37 Der rabbinische Begriff „Schechina" meint das Wohnen bzw. Zelten Gottes auf Erden,
wie es Israel während der Wüstenwanderung in der Stiftshütte erleben durfte. Es ist
ein Inbegriff der Nähe und Gegenwart Gottes und mit der Erfahrung von Ruhe, Glück,
Heiligkeit und Frieden verbunden.

2. Logos-Credo:
Menschgeworden für Mensch und Welt

Jesus Christus ist der eine ewige
und unerschaffene Sohn des Vaters.
ER ist der menschgewordene Logos.

Jesus Christus lebt in ewiger und vollkommener Einheit
des Wesens und der Liebe
und zugleich in der Verschiedenheit der Personen
mit Gott dem Vater und dem Heiligen Geist.

Jesus Christus ist der göttliche Logos,
durch den alles geschaffen ist,
geschaffen zur Ehre Gottes
und auf die Vollendung jedes einzelnen Wesens hin
und mit dem Ziel der Vollendung des Ganzen.

ER ist der göttliche Logos,
durch den alles geordnet,
getragen und erhalten wird,
erhalten in seinem Dasein zum Lobe Gottes
und als komplexe und vielfältige Kommunikation
mit Gott und miteinander.

„ER ist der Abglanz seiner Herrlichkeit und das Ebenbild
seines Wesens und trägt alle Dinge mit seinem kräftigen
Wort und hat vollbracht die Reinigung von den Sünden und
hat sich gesetzt zur Rechten der Majestät in der Höhe."[38]

---

38 Hebräer 1,3

ER war und ist Gott und Mensch zugleich.
Als der Mensch Jesus von Nazareth war er auf dieser Erde,
getragen von der von ihm,
dem ewigen Wort, getragenen Schöpfung.[39]

ER ist der personale Hintergrund
und die personale Mitte der Welt.
Und er kam in die Welt als in sein Eigentum
und wurde von uns Menschen,
seinen Geschöpfen,
abgelehnt und verworfen.

ER war und ist trotzdem und gerade deshalb
das „Selbstwort" Gottes.[40]
Er ist der Glanz vom Innersten seines Vaters
im Dunkel der Welt,
das Herzwort des Vaters ist er,
in dem sich Gott zutiefst ausspricht,
das menschgewordene Wort,
in dem sich Gott den Menschen neu zusagt.

ER ist die letztgültige Botschaft Gottes an die Welt
gesprochen mit Worten und Taten
und mit seinem ganzen Wesen.
ER ist das wegweisende Wort an die Menschheit,
die Weisheit und das Licht der Welt.

ER hat es uns vorgelebt, mit dem Vater im Himmel zu leben.
ER suchte stets die Ehre seines Vaters.
Wo ER handelte und sprach in seinem Leben,
war Gottes Reich schon da.
ER wollte und tat den Willen seines Vaters –
wie im Himmel so auf Erden.

---

39 Irenäus v. Lyon
40 Huldrych Zwingli

ER hat es uns vorgelebt,
miteinander zu leben,
in Liebe und in Wahrheit,
in Barmherzigkeit und in Geduld.
Er gab uns ein Beispiel, einander die Füße zu waschen
und einander zu dienen.
Seine Tage sind das Modell für unsere Tage.

ER stellt mit seinen Wundern
an Mensch und Schöpfung
die „Logik" des Menschen
und der Schöpfung wieder her,
erneuert diese vom Schöpfer gemeinte Logik,
die Logik des Reiches Gottes.

ER, die Logos-Person Jesus Christus ist es,
was die Welt im Innersten zusammenhält,
was sie verbindet und als großes Gespräch bestehen lässt,
was den Zerstörer zerstört und das Zerstörte erneuert.

3. Logos-Credo:
Vielfache Gestalt und Eindeutigkeit

„Im Anfang war das Wort,
und das Wort war bei Gott,
und Gott war das Wort.

Dasselbe war im Anfang bei Gott.
Alle Dinge sind durch dasselbe gemacht,
und ohne dasselbe ist nichts gemacht, was gemacht ist."[41]

So wurde der Logos
in seiner „Welt-gewordenen" Gestalt zur Schöpfung,
die uns umgibt und die wir selbst sind.

In seiner „Denk- und Gewissensgestalt" wurde der Logos
zum Erkenntnis- und Denkvermögen
und zum Gewissen der Menschen.

Seine „Volk-gewordene" und „Geschichte-gewordene" Gestalt
hat sich anschaulich in Israel gezeigt.

Die „Kirche-gewordene" und „Sakramentale Gestalt"
des Wortes erfahren wir in Taufe und Abendmahl,
in der Kirche als „Gesamtsakrament".[42]

Die „Kultur-gewordene" Gestalt begegnet uns
im Guten und Schönen in den Kulturen unserer Welt,
in der Vielgestalt der Völker.

---

41 Johannes 1,1-3
42 Näheres dazu im Kirchen-Credo auf Seite 45.

Die „aktuell-verkündigte"
und „charismatische" Gestalt des Wortes
erleben wir im Lobpreis,
in der Verkündigung
und im Dienst der Nächstenliebe.

Die neuschaffende Kraft seines Geistes
ist schon heute am Werk,
wo Menschen durch das Wort Gottes
innerlich erneuert werden
und wo dieses Wort Neues schafft in der Welt.
Sie reicht bis zum großen
„Siehe, ich mache alles neu."[43]

In Geschichte und Kultur,
aber auch in der Kirche,
ist der Logos oft nur noch „Logos spermatikos",[44]
verstreutes Samenkorn,
entstellt und gebrochen durch menschliches Versagen.
Und doch ist er da, ist er am Werk
und bringt Erneuerung und Leben.

Jesus Christus,
die „Mensch-gewordene",
ja „Fleisch-gewordene" Gestalt des Wortes
ist hell und klar,
von Menschen gebrochen
und doch innerlich ungebrochen
und im Wesen unversehrt.
Er ist das eindeutige
und letztgültige Gotteswort
an diese Welt.

---

43 Offenbarung 21,5
44 Altkirchliche Apologeten

In den Sakramenten als verbum visibile, [45]
als Wort, das uns sichtbar geworden ist,
ist der Logos unverkürzt da,
wird Christus als das leibhaftige Wort
auch heute leibhaftig erfahren.

Die Bibel ist das „Schrift-gewordene"
und „Literatur-gewordene" Gotteswort,
das uns den Blick für die übrigen Gestalten des Logos öffnet
und uns durch seine Klarheit vor „Hörfehlern"
in Natur und Kultur bewahrt.[46]

Jesus Christus ist das Ziel
und die Mitte, die Einheit
und die Summe aller Teile des Buches der Bücher,
der „Mensch-gewordene" Logos,
auf den der „Schrift-gewordene" Logos verweist
und von dem her die Bibel im Heiligen Geist zu verstehen ist.

„Jesus Christus, wie er uns
in der Heiligen Schrift bezeugt wird,
ist das eine Wort Gottes,
das wir zu hören,
dem wir im Leben und im Sterben
zu vertrauen und zu gehorchen haben."[47]

---

45 Augustin
46 Aus dem jetzigen Zustand der Natur kann nach dem Sündenfall nicht einfach auf den
    gottgewollten Urzustand der Schöpfung geschlossen werden. Sonst kommt man
    für manche Fragen der Ethik zu einem „naturalistischen Kurzschluss" und damit zu
    Fehlurteilen (z.B. in den Fragen des Rechtes des Stärkeren und der Homosexualität).
    Der Maßstab zur rechten Beurteilung ist uns allein in der Bibel gegeben. Ebenso ist
    nicht alle menschliche Kultur grundsätzlich gut und ein Ausdruck des göttlichen
    Logos. Auch hier gilt es, Gutes und Lebensförderndes im Licht der Heiligen Schrift von
    den Verirrungen zu unterscheiden.
47 Barmer theologische Erklärung

Jesus Christus kennen wir
zuverlässig und letztgültig durch die Bibel,
und die Bibel verstehen wir in ihrer Klarheit und Tiefe
von Jesus Christus her,
dem Wort selbst,
dem maßgebenden Lehrer,
der Mitte der Welt und der ganzen Heiligen Schrift.
Die „Mensch-gewordene" Gestalt des Wortes,
das „Schrift-gewordene" Gotteswort,
der Logos,
der in der Schöpfung erschien als ihr Schöpfer,
seine „Denk- und Gewissensgestalt" im Menschen,
seine „Volk-gewordene"
und „Geschichte-gewordene" Gestalt,
die „Kirche-gewordene" und „Sakramentale Gestalt"
des Wortes, die „Kultur-gewordene" Gestalt,
die „aktuell-verkündigte" und „charismatische" Gestalt,
und die „neuerschaffende" Gestalt:
neun Gestalten des großen Logos-Geheimnisses
in enger Verwobenheit!

Wie in einer großen und wunderbaren Emblematik[48]
interpretieren sich die neun Gestalten des Logos gegenseitig,
erhellen und vertiefen sie einander.
Alle Gestalten des Logos sind unendlich kostbar
und alle sind für uns wichtig
hier und heute und in kommenden Zeiten.

---

48 Wie sich ein Emblem durch die wechselseitige Interpretation seiner drei Bestandteile
Lemma (Motto), Icon (Bild) und Epigramm (erklärende Aufschrift) erschließt, so stehen die Gestalten des Logos in einer gegenseitigen Interpretationsgemeinschaft und
erschließen einander und die Gesamtwirklichkeit.

Maßstab, Unterscheidung und Klarheit
aber kommen von Jesus und aus der Bibel.
So sind der Mensch-gewordene Logos
und das Schrift-gewordene Gotteswort
die beiden großen sonnenhaften Brennpunkte
der großen Ellipse der Wahrheit,
Sie allein haben die Deutungshoheit
in der gestuften Emblematik unserer Welt.[49]

---

49 In einem Emblem deuten sich Motto, Bild und Text als gleichberechtigte Interpretati-
onspartner. Die unterschiedlichen Gestalten des Logos begegnen uns aber in unterschiedlicher Klarheit und Unversehrtheit. Deshalb kann man von einer gestuften Emblematik unserer Welt reden. Und das entscheidende Wort haben dabei – aufgrund
ihrer größeren Klarheit – Jesus Christus und die Bibel.

4. Christus-Credo:
Mitte der Bibel und der Welt

Jesus Christus ist das Ziel und die Mitte der Heiligen Schrift.
Als überführendes Gesetz und als befreiendes Evangelium
führt uns die ganze Bibel zu IHM.

Auf IHN, den Mittelpunkt und Zielpunkt der Bibel,
zeigen die Propheten als den Messias Israels
und als das Licht für die Völker.

Im Leben Jesu und in seinem Sterben
und seiner Auferstehung zu unserem Heil
erreicht die „Bibellandschaft" ihren höchsten Gipfel.

In seinen Erdentagen war ER
der maßgebende Lehrer und Ausleger der Heiligen Schrift.

Zugleich war ER selbst dabei die gelebte Tora,
der große Prophet und die Weisheit,
das Evangelium in Person.

ER ist das Schlüsselereignis unseres Lebens und der Welt,
der Schlüssel zum tieferen Verstehen
und zum wahren und erfüllten Leben.

ER ist die Offenlegung Gottes,
der Welt und des Menschen,
der archimedische Punkt
unserer Gottes-, Welt- und Selbsterkenntnis,
der Absolute inmitten des Relativen.

Die „Mitte der Mitte" der Bibel ist Jesus,
der Gekreuzigte und Auferstandene.
Am Kreuz gab ER sein Leben hin
aus Liebe zu uns zur vollkommenen Sühne
für unsere Sünde und Schuld.
Jesu Sterben am Kreuz
war der Tiefpunkt der grausamen Geschichte
menschlicher Schuld und Bosheit.

Und es war der Höhepunkt
der Offenbarung der unendlich tiefen Liebe Gottes.

So barmherzig ist die Liebe Gottes,
dass sie Gott sogar gegen sich selbst wendet;
am Kreuz werden Gerechtigkeit und Liebe versöhnt.[50]

In völliger Freiwilligkeit nahm Jesus das Kreuz auf sich,
aus unendlicher Liebe war es für ihn ein göttliches „Muss".

Am Kreuz wurde Jesus als der leidende Gottesknecht
und das geopferte Gotteslamm
zum Erlöser der Welt,
zum Erlöser für uns.

Am Kreuz wurde Jesus mit seinem Leiden und Sterben
zur Brücke zwischen Gott und Mensch.
Als wahrer Mensch konnte ER
für die Schuld der Menschen sterben,
als wahrer Gott brachte ER ein Opfer,
das alle Menschen mit Gott versöhnt.[51]

Am Kreuz vergoss Jesus sein Blut
und kaufte uns damit frei
von Sünde, Tod und Teufel.

---

50 Benedikt XVI.
51 Athanasius, Anselm von Canterbury

Am Kreuz vollzog sich der „fröhliche Wechsel und Streit".[52]
Jesus nahm unser Elend an
und gab uns Anteil an seiner Gottessohnschaft.

„Der Zimmermann aus Nazareth schuf aus dem Holz
des Kreuzes die Tür zum Leben."[53]

Der Gottessohn wurde
„die totale Schuld und die totale Sühne".[54]
So ereignete sich der große wunderbare Tausch
zwischen Gott und Mensch.

Und nur im Schrecken
und in der Schönheit des Sühnegeschehens,
in dem das Grauen unserer Schuld
und das Glück der Stellvertretung
durch Jesus zusammentreffen,
lässt sich die Heilsbedeutung
des Kreuzestodes Jesu im Kern erfassen.[55]
Wir beten an das Lamm und die Liebe des Vaters!

Am Kreuz begannen
auch die abgrundtiefen Schöpfungswunden zu heilen.
Hier wurde der Weg für die leidende Schöpfung gebahnt: hin
zur neuen Schöpfung ohne Leid und Schmerz,
hin zum ewigen großen Schalom
einer erlösten Menschheit in einer neuen Welt.

52 Martin Luther
53 Reinhard Bonnke
54 Karl Barth
55 Hartmut Gese, Peter Stuhlmacher u.a.

So ist „das Kreuz allein unsere Theologie",[56]
wodurch die Menschwerdung
und die himmlische Herrlichkeit
gerade nicht entkräftet werden,
sondern noch mehr an Tiefe
und noch mehr an Glanz empfangen.
So ist das Kreuz das große Plus
über unserem Leben und über der Welt.
Es ist der neue Baum des Lebens,
von dem wir das Leben
in seiner ganzen Fülle empfangen.
Und er ist auch der neue Baum
der Erkenntnis des Guten und Bösen.

Und so ist das Kreuz
die Mitte der Mitte der Bibel,
eine perspektivische Mitte,
ein Zielpunkt, auf den alles zuläuft,
ein Schnittpunkt, in dem sich alles trifft,
eine alles bereichernde Mitte,
jedoch kein zur Verarmung führender
„Kanon im Kanon"[57]
zur kritischen Sichtung der Schrift.

Die Auferweckung Jesu
ist die göttliche Bestätigung seines Opfers,
die Freilassung und Erhöhung dessen,
der die Strafe für alle verbüßt hat.
Als der wahrhaftig Auferstandene
ist Jesus der vom Vater Beglaubigte.

---

56 „Crux sola est nostra Theologia." (Martin Luther in seiner 2. Psalmenvorlesung)
57 „Kanon im Kanon" kann allerdings auch im Sinne von Anleitung zum rechten Ver
ständnis verstanden werden – und dann wäre er für Jesus Christus und sein Kreuz voll
zu bejahen.

ER ist der Sieger über Sünde, Tod und Teufel,
über Angst und Hoffnungslosigkeit.

„Im Licht der Ostersonne
bekommen die Geschehnisse der Erde
ein anderes Licht."[58]
Die Auferstehung Jesu ist das
punktuell bereits vorweggenommene
Ende der Geschichte:[59]
Neues Leben und Hoffnungszeichen
inmitten des alten Äons,
Antwort auf die quälenden Fragen
nach dem Sinn und Ziel der Geschichte,
Anfang der neuen Welt und Angeld
der völligen Erneuerung.

Inmitten der alten
und von der Sünde gezeichneten Welt
ist Jesus als der Auferstandene
der Brückenkopf des Reiches Gottes,
der Anfang der neuen Schöpfung.

„Durch die Auferstehung ändert sich alles.
Der Tod ändert sich.
Er war immer das Ende;
jetzt ist er der Anfang."[60]

„Die Begegnung der Jünger mit dem Auferstandenen ist es,
welche das Bild von Christus
und seinem Verhältnis
zum gläubigen Menschen endgültig prägt:
Der von Aposteln und Jüngern Verkündete
ist für immer der Gekreuzigte und Auferstandene."[61]

---

58 Friedrich v. Bodelschwingh
59 Wolfhart Pannenberg
60 Max Lucado
61 Romano Guardini

ER ist derselbe gestern, heute und in Ewigkeit.
ER ist im Himmel und auf Erden das angebetete Gotteslamm.

„ER ist das Zentrum der Geschichte,
ER ist der Anker in der Zeit.
ER ist der Ursprung allen Lebens
und unser Ziel in Ewigkeit."[62]

Wie unaussprechlich groß ist ER,
die Mitte und der Logos in allem!

---

62 Albert Frey

5. Christus-Credo:
Licht und Hoffnung der Welt

Ostern 2014 bekam ich ein Gebet aus der Morgenliturgie der Assyrischen Kirche des Ostens zugesandt, das ich gerne weitergebe. Es wird dort sonntäglich gebetet – geht wohl bis ins 4. Jahrhundert zurück und gewinnt noch mehr Leuchtkraft, wenn man sich die Situation im heutigen Irak vor Augen führt, wo diese Christen leben und glauben und bekennen und hoffen: über alle Not dieser Zeit hinaus.

„Licht glänzt für die Rechtschaffenen;
die reinen Herzens sind, erfüllt Freude.
Jesus, unser Herr,
bringt uns den Glanz
vom Innersten seines Vaters;
ER kam und führte uns aus der Dunkelheit heraus
und erhellte uns mit einem herrlichen Licht.
Das Licht des Tages erstrahlt über den Menschen
und die Herrschaft der Dunkelheit ist geflohen.
Licht strahlt uns auf von seinem Licht;
es erhellt unsere verdunkelten Augen.
SEINE Herrlichkeit erstrahlt in der Mitte des Universums
und erleuchtet die Tiefen:
Der Tod ist besiegt und die Dunkelheit ist geflohen,
die Tore des Reichs des Todes sind zerschmettert.
ER hat alle Kreatur erleuchtet,
die vorher in Finsternis war;
Tote, die im Staub schliefen, sind erstanden
und preisen die Erlösung, die sie erreicht hat.
Durch IHN ist die Erlösung,
ER gibt das Leben

und wurde erhoben zu seinem Vater,
ER wird wiederkommen in Herrlichkeit
und erleuchtet die Augen aller,
die IHN erwartet haben.
Unser König wird kommen in seiner Majestät
und lasst uns seinem Vater danken,
der Barmherzigkeit im Überfluss schenkt,
der IHN uns geschickt hat,
damit wir Hoffnung und Erlösung haben.
SEIN Tag wird plötzlich aufscheinen
und seine Heiligen werden hinausgehen
ihm entgegen mit erleuchteten Lampen;
alle, die sich abgemüht haben und die bereit waren.
Engel und Wächter im Himmel jauchzen vor der Herrlichkeit
der Aufrichtigen und der Gerechten.
Sie krönen ihre Häupter mit Kronen
und singen gemeinsam das Halleluja.
Meine Brüder und Schwestern, steht bereit
so dasss wir unserem König und Erlöser danken können,
der in Herrlichkeit kommt,
der uns Freude geben wird
in seinem herrlichen Licht in seinem Reich.
Amen"

6. Kirchen-Credo:
Göttliches Leben
inmitten der Welt

„Es wird auch gelehrt,
dass allezeit die eine heilige, christliche Kirche
sein und bleiben muß,
die die Versammlung aller Gläubigen ist,
bei denen das Evangelium rein gepredigt
und die heiligen Sakramente
laut dem Evangelium gereicht werden."[63]

Das Sterben und die Auferweckung Jesu
ist die Grundlage für das neue Leben,
das wir durch Glaube und Taufe
bereits im alten Äon empfangen.

Nach der „Höllenfahrt der Selbsterkenntnis"
bekommen wir die „Himmelfahrt der Gotteserkenntnis",[64]
nach dem Sterben des alten Menschen
die Wiedergeburt,
das neue ewige Leben
und eine Hoffnung geschenkt,
die nie zuschanden wird.

Für immer ist Jesus für uns der Weg
und die Wahrheit und das Leben,
wir kommen durch ihn zum Vater,
zur verlässlichen Wahrheit
und zum Leben in Fülle.

---

63 Augsburger Bekenntnis, Artikel VII
64 Friedrich August Gottreu Tholuck (1799-1877)

ER ist das Haupt der Kirche,
die Kirche sein Leib mit vielen Gliedern.
Er ist der liebende Bräutigam der Gemeinde,
die Gemeinde seine geliebte Braut.

ER ist der Hausherr der Kirche,
die Kirche der Tempel SEINES Heiligen Geistes.
Er ist der Wegführer seines Volkes,
SEIN wanderndes Volk ist die Kirche.

ER ist der große Arzt,
wir werden durch ihn geheilt.
ER ist der gute Hirte,
wir sind seine geliebte Herde.

ER ist der Weinstock,
wir sind die Reben.
ER lebt in uns
und darum wir in ihm.

ER ist das Brot des Lebens,
wir werden durch ihn im Herzen satt.
ER ist die Tür,
wir gehen durch sie zum Vater
und der Vater zu uns.

ER ist das Licht der Welt,
wir leuchten durch ihn.
ER ist der Friede,
wir werden durch ihn
zum Werkzeug seines Friedens.[65]

ER wurde am Kreuz die personifizierte Sünde,
wir werden durch ihn zur Gerechtigkeit Gottes.

---

65 Franz von Assisi

ER ist unser Opferlamm,
wir die Erlösten.
ER ist das Weizenkorn,
wir die große Ernte
und dann selbst die Erntehelfer.

ER ist die Auferstehung und das Leben,
wir haben und verkünden eine feste Hoffnung.
ER ist die Liebe,
wir dürfen in Liebe leben.

ER ist das Ursakrament und das Urwort,
von dem alle Sakramente
und alle Verkündigungsworte
der Kirche ausgehen.

ER war und ist der große König,
Priester und Prophet seiner Kirche und der Welt;
damals in menschlicher Niedrigkeit
und doch in göttlicher Vollmacht und Hoheit,
heute und für immer als Herr aller Herren
und König aller Könige,
als himmlischer Hoherpriester,
der für uns bittet,
als Prophet mit den Feueraugen,
der uns und der Welt die Augen öffnet.

ER ist der Apostel,
der uns zu den Verlorenen sendet,
der Lehrer, der uns den Weg
durch die Zeit hin zur Ewigkeit zeigt,
der Evangelist und Hirte,
der durch uns die verirrten Schafe sucht
und die verletzten verbindet.

ER, der alle Ämter und Dienste in sich vereint,
hat die Ämter und Dienste der Kirche eingesetzt,
durch die Gottes Wort zu den Menschen kommen
und Glaube, Liebe und Hoffnung
durch Wort und Tat gesät und gepflegt werden sollten.

ER ist ihnen allen das Vorbild der Demut,
der Freiheit und der Liebe,
der Vollmacht und der Gewaltlosigkeit.

Wie reich sind wir als Kirche und Gemeinde –
und das alles im Namen Jesu, nur durch IHN!
Es ist der Name über alle Namen
und der Inbegriff aller Herrlichkeit:
Jesus.

Durch gelebte Gemeinschaft, Gebet und Anbetung,
Zeugnis und Lehre und durch den Dienst der Nächstenliebe
lebt die Kirche diese Liebe und das neue Leben konkret.[66]

Die Kirche[67] ist das Grundwort und das Grundsakrament,
das Universalwort und das Universalsakrament,
in dem die unterschiedlichen „festlichen Tore"
der Sakramente gefeiert werden.

Nur in der Bindung an das Ursakrament Christus
ist die Kirche dies alles,
ohne IHN ist sie nichts.

Und das neue Leben,
zu dem die Sakramente
als „festliche Tore" führen,
ist Christus selbst.

---

66 Koinonia bzw. communio, leiturgia, martyria, diakonia
67 In allen ihren Konfessionen und Abteilungen

Und das alles durch den Heiligen Geist,
nur durch ihn,
der der Geist Jesu ist
und der in unsere Herzen bringt,
was Jesus für uns erworben hat
und was Jesus für uns ist!

„Wir glauben an den Heiligen Geist,
der Herr ist und lebendig macht,
der aus dem Vater und dem Sohn[68] hervorgeht,
der mit dem Vater und dem Sohn angebetet
und verherrlicht wird,
der gesprochen hat durch die Propheten,
und die eine, heilige, allgemeine und apostolische Kirche.
Wir bekennen die eine Taufe zur Vergebung der Sünden.
Wir erwarten die Auferstehung der Toten
und das Leben der kommenden Welt."[69]

---

68 Die Aussage „und vom Sohn" (filioque) wurde erst später in das Glaubensbekenntnis eingefügt und wird von den Ostkirchen bislang nicht anerkannt. Näheres dazu unter I.10.
69 Glaubensbekenntnis von Nizäa-Konstantinopel

7. Bibel-Credo:
Bibelbekenntnis und Bibelverständnis

Kann man die Bibel bekennen und sie besingen – und nicht nur den Gott, den sie verkündigt? Im längsten Psalm – dem 119. mit seinen 176 Versen – bekommen wir eine eindeutige Antwort darauf. Die Tora wird darin reichlich und überschwänglich bekannt und besungen. Und das Evangelium ist nichts Minderes gegenüber der Tora. Wenn der orthodoxe und der katholische Priester das Evangelienbuch im Gottesdienst küssen, dann ist das ein sehr angemessener Umgang mit diesem großen Buch.

Das christologische Bekenntnis von Chalcedon gilt nicht nur für Jesus Christus, sondern in analoger Weise auch für die Hl. Schrift.[70] Im geschriebenen und gesprochenen Verkündigungswort ist der Logos ständig selbst gegenwärtig. *„Es ist in der Tat über alle Maßen beeindruckend, wie im Neuen Testament die gleichen Eigenschaften und Wirkungen von Jesus wie vom Wort ausgesagt werden."*[71] Somit ist es keine götzendienerische „Apotheose" und keine „Bibliolatrie", was die folgenden Sätze bekennen und bejubeln:

---

70 Damit soll keinesfalls die Einzigartigkeit Jesu - als wirklicher Mensch und als Erlöser - angetastet werden. Deshalb sprechen wir von Analogie, nicht von Gleichheit der beiden „Inkarnationen" bzw. „Inverbationen".
71 Bibel- Lexikon, hg. v. H. Haag, Leipzig 1969, Sp. 776

Das inspirierte und ewige Wort Gottes,
das uns mit der Bibel anvertraut wurde,
ist ein überaus großes Geschenk.

„Welch ein Buch!
Groß und weit wie die Welt,
wurzelnd in die Abgründe der Schöpfung
und hinaufragend in die blauen Geheimnisse des Himmels ...
Sonnenaufgang und Sonnenuntergang,
Verheißung und Erfüllung, Geburt und Tod,
das ganze Drama der Menschheit,
alles ist in diesem Buche ...
Es ist das Buch der Bücher, Biblia."[72]

Die Bibel enthält nicht nur Worte Gottes
und ist nicht nur Zeugnis vom Wort Gottes,
sondern sie ist Gottes Wort.

Durch sie kommt der himmlische Vater
mit seinem Schöpfungs- und Liebeswort,
Jesus Christus als das „Selbstwort" Gottes,[73]
und der Heilige Geist
mit seinem Lebenswort zu uns.

Die Bibel als das inspirierte Wort Gottes
ist uns in die Hand gegeben
und doch ist ihre Botschaft als Gotteswort
ein immer neues und oft überraschendes Geschenk
und menschlicher Verfügung nicht preisgegeben.

---

72 Heinrich Heine in seinem Helgolandbrief vom 8. Juli 1830
73 Huldrych Zwingli

Die Bibel als das inspirierte Wort Gottes
ist grundlegend in Analogie
zum inkarnierten Sohn Gottes zu sehen:
Göttliches und Menschliches
verbinden sich darin in geheimnisvoller Weise.
Göttliches und Menschliches
können darin zwar jeweils schwerpunktmäßig gesehen,
letztlich nicht aber getrennt betrachtet werden.

Göttliches und Menschliches
sind „unvermischt, unverwandelt, ungetrennt und unzerteilt"
in der Bibel als dem geschriebene Wort Gottes gegenwärtig
wie im Sohn Gottes, dem menschgewordenen Wort.
Die Bibel ist ein Weg Gottes zu uns Menschen,
ein vielgestaltiger Weg vom Himmel zur Erde.

Sie ist zugleich der Weg Gottes
durch die menschliche Geschichte,
Zeugnis vom Geschichtshandeln Gottes,
hineingesprochen in die menschliche Geschichte,
durch Menschen vermittelt
und in menschlicher Sprache verfasst
und als kunstvoll strukturierte Sammlung
sehr verschiedenartiger
und weithin sehr kunstvoller Texte
verlässlich überliefert.

Beim Alten Testament handelt es sich
„nicht um die bloßen Trümmer
der israelitisch-jüdischen Nationalliteratur,
sondern um eine bewußte Auswahl aus ihren Schätzen".[74]

---

74 Otto Kaiser

Das Alte Testament ist auch für die Kirche
eine unverzichtbare
und unschätzbar wertvolle Schatzkammer
mit einem unvergänglichen Eigenwert
und mit einem „langen Zeigefinger" auf Christus.

Vom Alten Testament führt der Weg zu Jesus Christus,
vom Alten Testament und von Christus zur Kirche.
Vom Alten Testament, von Christus und von der Kirche
zum Neuen Testament.

Und von der ganzen inspirierten Schrift
führt der Weg durch die nachbiblische
und von der Bibel geprägte Geschichte bis hin zu uns,
ihren von ihr inspirierten Lesern von heute.

Mit Jesu Verkündigung vom Reich Gottes
wird uns der „rote Faden" und die „Hauptstraße" gezeigt,
die sich durch die ganze Bibel
mit ihren vielgestaltigen „Landschaften" zieht:
Gottes Königherrschaft und Königreich,
sein Gang durch die Geschichte,
die damit zur Heilsgeschichte wird.

Jeder Mensch sollte die unveränderliche
und doch stets aktuelle Botschaft der Bibel hören, verstehen
und ihrem Ruf folgen können,
insbesondere die Kernbotschaft vom Heilstod
und der Auferstehung Jesu
und von dem mit und durch Jesus genahten
und hier und heute erfahrbaren
und in seiner Vollendung zu erhoffenden Reich Gottes.

Die ganze Bibel ist Gottes großer Liebesbrief,
ist Ausdruck der Sehnsucht Gottes
nach unserer freiwilligen Liebesbeziehung zu ihm.

So ist die Bibel das mitgehende Buch Gottes
und immer neues Licht für unser Leben,[75]
sie ist Anleitung und Hilfe
für unsere Heilung und Erneuerung,
für unser Glauben, Lieben und Hoffen.

Zu diesem hohen Zweck
ist die Bibel voll göttlicher Kraft und Autorität,
die jedoch auf alle Gewalt verzichtet:
auctoritas[76].

Sie sagt uns alles,
was uns zu wissen nötig ist zu unserem Heil:
sufficientia[77].

Verstehbar ist sie in den Heilsaussagen für jeden,
der sich ihr nicht bewusst verschließt:
perspicuitas[78].

Und sie ist aus sich selbst wirksam,
weil sie vom Geist Gottes durchweht ist:
efficacia[79].

Jeder hat durch sie die Möglichkeit,
Jesus als Retter und Herrn kennenzulernen,
für Zeit und Ewigkeit gerettet zu werden,
durch Jesus Christus in eine bleibende persönliche
Beziehung zu Gott einzutreten und das Reich Gottes
und damit ein erfülltes Leben zu erfahren.

---

75 In der Sprache der missionarischen Predigt nenne ich es auch gern das „Herstellerhand-
    buch" für den Menschen.
76 lat. für Vollmacht, Autorität
77 lat. für Genügsamkeit, Ausreichen
78 lat. für Klarheit
79 lat. für Wirksamkeit, Effektivität

Zugleich dürfen wir neben dem höchsten Gipfel
und der Mitte der Bibel
durch die ganze Bibel hindurch
viele andere gewaltige Bergesgipfel erblicken:
von der Schöpfung in ihrer Weisheit
bis hin zur Vollendung von Himmel und Erde.

Im Anblick dieser Berge
können wir Orientierung und Kraft
für die Täler des Leides und für die Mühen der Ebene finden.
Und wo uns die Bibel
in so manchen Aussagen als dunkel erscheint,
lassen wir das Dunkle
vom Klaren und Hellen her beleuchten.[80]

Nach den hellsten Sternen dürfen wir auch im erst Dunklen
immer mehr Leuchtsterne sehen
wie es beim Betrachten des Nachthimmels geschieht.[81]

Wer den Duft der Bibel geatmet,
ihren Windhauch gespürt,
ihr Mahn-, Trost- und Lebenswort gehört,
den Weitblick von ihren Gipfeln genossen,
die wachsende Zahl ihrer Sterne gesehen
ihr frisches Wasser getrunken
und ihr Herzensbrot gegessen,
der wird sie immer mehr lieben
und sie immer besser
und tiefer zu verstehen suchen.

---

80 Thomas v. Aquin, Martin Luther
81 Wilhelm Löhe

Zugleich mit ihrer Aufgabe
als Wort an den Einzelnen
ist die Bibel Gottes Wort
an das Volk Israel
und an die Kirche als Ganze
und durch diese beiden Lichtträger hindurch
an die gesamte Welt.

Neben der persönlichen Glaubens- und Lebenspraxis
der Gläubigen (praxis pietatis) will und kann die Bibel
das Leben und die Ordnung der Kirche/Gemeinde als Ganze
inspirieren und lenken (praxis ecclesiae)
und die Ethik und die Kultur
der gesamten Gesellschaft prägen (praxis christiana).

Israel ist und bleibt der Erstadressat der Gnade Gottes,
Israel bleibt auch mit der Entstehung der christlichen Kirche
Gottes auserwähltes Volk,
dessen Gottesoffenbarung und dessen Messias
als Licht zu den Heiden kommt.

In seinem Heilshandeln an Juden und Heiden
kommt Gottes Gnade
mit seinem auserwählten Volk zur Vollendung.
Aufgrund des Opfertodes Jesu
empfangen Juden wie Heiden gemeinsam das Heil.

Die gemeinsame Vollendung der Gnade Gottes
für Juden und Heiden durch Jesus Christus
mündet in das große Finale der Erlösung
der versprochenen Vollzahl aus den Heiden[82]
und in das Finale und den Jubel
der endlichen Errettung ganz Israels.[83]

---

82 Römer 11,25
83 Römer 11,26

Die Kirche wird durch Gottes Wort geschaffen.
Sie ist creatura verbi, creatura evangelii[84],
„vom Worte Gottes geboren, ernährt, erhalten und gestärkt",
so dass sie „ohne das Wort gar nicht sein kann,
oder daß, wenn sie ohne Wort ist,
sie aufhört, Kirche zu sein".[85]

Das gott-menschliche Wort der Bibel
bringt in ihr beständig den kraftvollen Dreiklang
von Glaube, Hoffnung und Liebe zum Klingen.

Es befähigt die Kirche zur *koinonia,*
zur Gemeinschaft,
die zugleich ein Vorgeschmack und gelebtes Zeichen
des kommenden Gottesreiches ist,
zur *leiturgia,* zu Gottesdienst, Lobpreis und Gebet,
zur *martyria,* zum persönlichen Zeugnis
und zur öffentlichen Verkündigung und Lehre
und zur *diakonia,* zum Liebesdienst
am Einzelnen und an der Welt.

Bei alledem ist das Wort der Bibel nicht nur Träger
von Information, sondern zugleich Energiequelle,
göttliches Dynamit des Heils.
Performativ vermittelt das Wort der Bibel das,
wovon es spricht.
Die „Energie des Evangeliums"[86]
schafft Glaube, Hoffnung und Liebe,
leiturgia, martyria, diakonia und koinonia.

---

84 Schöpfung des Wortes bzw. Schöpfung des Evangeliums. Von Martin Luther geliebte Begriffe.
85 Martin Luther. Lateinischer Text: Nam cum Ecclesia verbo Dei nascatur, alatur, servetur et roboretur, palam est, eam sine verbo esse non posse, aut si sine verbo sit, Ecclesiam esse. (WA 12,191,16–18)
86 Hans Weder

Deshalb lassen wir uns mahnen:
„Ihr Christen habt in eurer Obhut
ein Dokument mit genug Dynamit in sich,
die gesamte Zivilisation in Stücke zu blasen,
die Welt auf den Kopf zu stellen;
dieser kriegszerrissenen Welt Frieden zu bringen.
Aber ihr geht damit so um,
als ob es bloß ein Stück guter Literatur ist,
sonst weiter nichts."[87]

Und in allen diesen Erfahrungen,
beim ernsthaften Suchen und Forschen in der Schrift,
beim immer neuen Hören und Verkündigen der Bibel
und beim konkreten Tun dessen,
was sie uns sagt,
entsteht ein immer größeres Staunen über ihr Wunder
und eine immer tiefere Gewissheit,
dass sie Gottes ureigenstes und verlässliches Wort ist.

---

87 Mahatma Gandhi – zuerst bezogen auf die Bergpredigt.

8. Bibel-Credo:
Bibelerfahrungen

In den Psalmen 1,19 und 119 stößt man auf eine Fülle von Bildern, die das Wesen und die Wirkungen der Tora besingen. Der 119. Psalm als Akrostichon ist so aufgebaut, dass die Anfangsbuchstaben der Verse nach dem Alphabet geordnet sind. Jedem der 22 Buchstaben des hebräischen Alphabets sind genau 8 Verse gewidmet. Ein sinnenfälliger Ausdruck der Harmonie und Ordnung, des Reichtums und des Überflusses in Gottes Wort!

Ein schönes Bekenntnis und Lobpreis-Gedicht über das Wort Gottes in gereimter Form von „Mutter Eva" (Eva von Tiele-Winckler, 1866 -1930) rühmt diesen Reichtum auf seine Art:

> „Das Wort ist ein Hammer, der Felsen zerschmettert,
> Das Wort ist ein Sturmwind, der Wälder entblättert,
>
> Eine Flamme, die glüht und brennt,
> Ein Opfermesser, das schneidet und trennt
>
> Geist, Seele und Leib, auch Mark und Bein;
> Nichts, gar nichts darf ihm verborgen sein.
>
> Es ist ein Pfeil, und es trifft ins Herz.
> Ein Balsam ist es und lindert den Schmerz.
>
> Es ist ein Licht in dem dunklen Tal,
> Es ist ein leuchtender Sonnenstrahl.

Das Wort, es ist eine grünende Au',
Es ist ein Manna, ein Himmelstau,

Auf dürre Herzen ein fruchtbarer Regen,
Des Fußes Leuchte auf allen Wegen.

Dem Hungernden ist es stärkende Speise,
Dem Wanderer ein Stab auf der Lebensreise,

Dem Dürstenden ist es ein belebender Trank,
Dem Fröhlichen Lied und Lobgesang,

Ein starker Trost der betrübten Seele,
Des Armen Reichtum, daß ihm nichts fehle.

Und wenn der Feind voller Ingrimm droht:
Eine Felsenfestung in Angst und Not.

Vor diesem Wort muß die Hölle erbeben.
Mit einem Wort: Das Wort ist Leben;

Und Leben weckt es, und Leben wirkt es,
Und unermeßliche Schätze birgt es,

Und wenn einst Himmel und Erde vergeh'n,
Das Wort-, das Wort bleibt ewig besteh'n." [88]

88 Eva v. Tiele-Winckler, zitiert nach: Toaspern, Paul, Ancilla Domini. Mutter Eva – ein
    Leben der Hingabe an Jesus Christus, Berlin ⁴1981, S.192

9. Trinitarisches Credo:
Lob der Dreieinigkeit

Das folgende „Lob der Dreieinigkeit" stammt von Johannes Heber, der es 1946 im Gefangenenlager mit selbstgemachter Tinte niedergeschrieben hat. 1958 ist es in Berlin als Broschüre erschienen. Für die folgende Fassung wurde dieser Text von mir leicht überarbeitet.

Die drei Teile des Lobpreises (Vater/Sohn/Heiliger Geist) können hinter- oder auch unabhängig voneinander gebetet werden.

Die einzelnen Zeilen können in zwei Gruppen im Wechsel gebetet werden, die kursiven Zeilen dann jeweils gemeinsam.

Heilig ist Gott der Vater

> Herr, Gott, du Schöpfer des Himmels und der Erde,
> Du Ursprung und Erhalter aller Dinge,
> Du Geber aller guten Gaben,
> Du Beschützer deiner Gläubigen,
> Du Rächer alles Bösen,
> Du Lenker der Völkergeschichte,
> Du König aller Könige und Herr aller Herren,
> *wir jubeln Dir zu!*

Du heiliger Gott,
Du ewiger Gott,
Du allmächtiger Gott,
Du allwissender Gott,
Du allweiser Gott,
Du allgegenwärtiger Gott,
Du allgültiger Gott,
wir verehren Dich!

Du Vater unseres Herrn Jesus Christus,
durch ihn auch unser Vater,
Du rechter Vater über alles, was da Kinder heißt
im Himmel und auf Erden,
Du Vater des Lichts,
Du Vater der Geister,
Du Vater der Barmherzigkeit,
Du Vater der Herrlichkeit,
wir lieben Dich!

Du Gott aller Gnade,
Du Gott der Liebe,
Du Gott der Hoffnung,
Du Gott des Trostes,
Du Gott der Geduld,
Du Gott des Friedens,
Du Gott der Barmherzigkeit,
wir vertrauen Dir!

Du Unvergänglicher,
Du Unsichtbarer,
Du Unsterblicher,
Du Unwandelbarer,
Du Unendlicher,
Du Unnennbarer,
Du Unerforschlicher,
wir beten Dich an!

Du Arzt in Krankheit,
Du Schatz in Armut,
Du feste Burg in Gefahr,
Du Zuflucht vor dem Sturm,
Du Trost in Angst und Traurigkeit,
Du Retter in Not,
Du Helfer in Verzweiflung,
wir lieben Dich!

Du treuer Gott,
Du gerechter Gott,
Du reicher Gott,
Du starker Gott,
Du lebendiger Gott,
Du majestätischer Gott,
Du gewaltiger, großer Gott,
wir beten Dich an!

Du bist das A und das O,
der Anfang und das Ende,
der da ist und der da war und der da kommt,
der Erste und der Letzte und der Lebendige
von Ewigkeit zu Ewigkeit. Amen

Heilig ist Gott der Sohn

Herr Jesus Christus, Du Sohn des lebendigen Gottes,
Du Erstgeborener vor allen Kreaturen,
Du Mittler der Schöpfung,
Du Wort des Anfangs,
Du Abglanz der Herrlichkeit des Vaters,
Du Ebenbild seines Wesens,
Du Erbe des Weltalls,
wir loben Dich!

Herr Jesus Christus, Du Sohn Davids,
Du Stern aus Jakob
Du Wunderbar-Rat,
Du Gottes-Held,
Du Ewig-Vater,
Du Friedefürst,
Du König der Ehren,
wir jubeln Dir zu!

Durch Deine heilige Geburt und Kindheit,
durch Dein Leben und Lehren,
durch Dein Heilen und Helfen,
durch Deinen Todeskampf und blutigen Schweiß,
durch Dein Kreuzesleiden und Sterben,
durch Dein Auferstehen und Deine Verklärung,
durch Deine Himmelfahrt und Deine Herrlichkeit
schenkst Du der Welt das Heil!

Du Licht der Welt erleuchtest uns.
Du Brot vom Himmel machst uns satt.
Du Wasser des Lebens erquickst uns.
Du guter Hirte weidest uns.
Du Weg zum Vater führst uns.
Du Wahrheit des Geistes lehrst uns.
Du Leben aus Gott erfüllst uns.

Du starker Jesus,
Du reiner Jesus,
Du gütiger Jesus,
Du gehorsamer Jesus,
Du barmherziger Jesus,
Du geduldiger Jesus,
Du sanftmütiger und von Herzen demütiger Jesus,
wir lieben Dich!

Du Heiland der Kranken heilst uns auch heute.
Du Tröster der Betrübten tröstest auch uns.
Du Retter der Verlorenen rettest Menschen aus allen
Völkern und Sprachen und Nationen.
Du Leiter der Irrenden leitest auch uns.
Du Befreier der Gebundenen befreist Dein Volk.
Du Helfer der Verzweifelnden hilfst uns Menschen
auch heute.
Du Erlöser aller Leidenden und Schuldigen
hast am Kreuz uns erlöst.

Du König der Patriarchen,
Du Krone der Propheten,
Du Meister der Apostel,
Du Kraft der Märtyrer,
Du Licht der Bekenner,
Du Herr aller Heiligen und Gläubigen,
Du Richter der Lebendigen und der Toten
ja komm, Herr Jesus!

Das Lamm, das erwürgt ist,
ist würdig zu nehmen Kraft und Reichtum
und Weisheit und Stärke und Ehre und Preis und Lob
von Ewigkeit zu Ewigkeit. Amen.

Heilig ist Gott der Heilige Geist

Du Heiliger Geist, wahrer Gott von Ewigkeit,
der vom Vater und vom Sohne ausgeht,
Du Schöpfer Geist, der über den Wassern schwebte,
der dem Menschen die lebendige Seele einhauchte,
der geredet hat in den Propheten und Aposteln,
der die Jungfrau Maria überschattet hat,
der auf Jesus herabkam gleichwie eine Taube,
wir beten Dich an!

Du Geist des Lebens,
Du Geist des Lichtes,
Du Geist der Liebe,
Du Geist des Friedens,
Du Geist der Freiheit,
Du Geist der Freude,
Du Geist der Wahrheit,
wir jubeln Dir zu!

Du Heiliger Geist, der uns berufen hat,
der uns erleuchtet hat,
der uns wiedergeboren hat,
der uns geheiligt hat,
der uns zu Christus geführt hat,
der uns bei Christus erhält,
der uns in alle Wahrheit leitet,
wir verehren Dich!

Du höchster Tröster in aller Not,
Du Beistand Deiner Gläubigen,
Du siebenfaches Gnadengut,
Du göttlicher Helfer, der Wunder tut,
Du Gewißheit unserer Kindschaft,
Du Siegel unserer Erlösung,
der Du uns vertrittst mit unaussprechlichem Seufzen,
Du bist würdig, dass wir Dich erheben!

Du Geist der Kraft,
Du Geist der Liebe,
Du Geist der Zucht,
Du Geist des Glaubens,
Du Geist des Gebetes,
Du Geist der Geduld,
Du Geist der Hoffnung,
wir beten Dich an!

Du Heiliger Geist, der Pfingsten die Kirche schuf,
Du Feuer in den Herzen der Apostel,
Du Kraft des Zeugnisses von Christus,
Du Stärke der Märtyrer des Glaubens,
der Du die ganze Christenheit auf Erden sammelst,
der Du sie einst in allen Sprachen und Völkern,
der Du allein wahre Einheit schenkst,
wir jubeln Dir zu!

Der Du uns zur Buße rufst,
der Du uns Sünde erkennen und bereuen lässt,
der Du die Gewissheit der Vergebung schenkst,
der Du reine Herzen in uns schaffst,
der Du die Totengebeine zur Auferstehung rufst,
der Du ewiges Leben gibst,
der Du die Welt heimholst zur ewigen Vollendung,
wir preisen Dich und beten dich an!

Ehre sei dem Vater und dem Sohn
und dem Heiligen Geist,
wie im Anfang, so auch jetzt
und in Ewigkeit. Amen.

10. Trinitarisches Credo:
Das wahrhaft ökumenische Glaubensbekenntnis von Nizäa-Konstantinopel

Kampf und Schmerz bedeutete christliches Bekennen nicht nur durch den Widerstand der „Welt", sondern auch durch manche Not im Zuge der inneren theologischen Klärungen. Nach vielen Auseinandersetzungen ist das Glaubensbekenntnis von Nizäa-Konstantinopel so gestaltet gewesen, wie es noch heute gebetet wird. Es wird heute in den westlichen wie in den östlichen Kirchen gebetet, während das Apostolikum[89] ein Bekenntnis der westlichen Kirchen geblieben ist.

Das Bekenntnis von Nizäa ist in seiner Vollständigkeit und gleich-zeitigen Kürze, Klarheit und Schönheit kaum zu überbieten. Bewusst steht es am Ende unserer Bekenntnis- und Lobpreis-texte des 1. Hauptteils:

> Wir glauben an den einen Gott,
> den Vater, den Allmächtigen,
> der alles geschaffen hat,
> Himmel und Erde,
> die sichtbare und die unsichtbare Welt.

---

89 Für die östlichen Kirchen ist es ein inhaltlich unbestrittenes Bekenntnis.

Und an den einen Herrn Jesus Christus,
Gottes eingeborenen Sohn,
aus dem Vater geboren vor aller Zeit:
Gott von Gott, Licht vom Licht,
wahrer Gott vom wahren Gott,
gezeugt, nicht geschaffen,
eines Wesens mit dem Vater;
durch ihn ist alles geschaffen.
Für uns Menschen und zu unserm Heil
ist er vom Himmel gekommen,
hat Fleisch angenommen
durch den Heiligen Geist
von der Jungfrau Maria
und ist Mensch geworden.
Er wurde für uns gekreuzigt unter Pontius Pilatus,
hat gelitten und ist begraben worden,
ist am dritten Tage auferstanden nach der Schrift
und aufgefahren in den Himmel.
Er sitzt zur Rechten des Vaters
und wird wiederkommen in Herrlichkeit,
zu richten die Lebenden und die Toten;
seiner Herrschaft wird kein Ende sein.

Wir glauben an den Heiligen Geist,
der Herr ist und lebendig macht,
der aus dem Vater und dem Sohn hervorgeht,
der mit dem Vater und dem Sohn
angebetet und verherrlicht wird,
der gesprochen hat durch die Propheten,
und die eine, heilige, allgemeine
und apostolische Kirche.
Wir bekennen die eine Taufe zur Vergebung der Sünden.
Wir erwarten die Auferstehung der Toten
und das Leben der kommenden Welt. Amen

Nachklang:
Theologie und Theoposie

Theopoesie wurde mitunter als Erniedrigung der Theologie gesehen: sie verlasse die Höhe der Wissenschaft und sinke auf das Niveau der Wortspiele und Phantastereien. Und in der Tat: Wenn man alle religiöse Dichtung als Theopoesie bezeichnen will, dann findet sich darunter auch manche fruchtlose Spekulation, manches Verzerren der Offenbarungswahrheiten und manches, was mehr Künstlichkeit als Kunst ist.

Aber es gibt auch sehr viel kostbare Theopoesie! Das entscheidendste Kriterium ist ihre enge Bindung an die Sache und die Sprache der Bibel, das Schöpfen aus der Quelle. Aus der Heiligen Schrift selbst heraus *„ragt die biblische Theopoesie als ganzheitlicher Fremdkörper in unser zersplittertes Bewußtsein hinein. Das macht die Psalmen einerseits unzeitgemäß, andererseits durchbricht just diese Unzeitgemäßheit die Kategorie unseres Zeitgeistes …"* (Kurt Marti)

Von ihrer biblischen Quelle her kann Theologie gar nicht anders, als letztlich auch Poesie zu sein. Der italienische Dichter Francesco Petrarca (1304-1374) sagte: *„Die Poesie steht durchaus nicht im Gegensatz zur Theologie. Fast möchte ich sagen, die Theologie sei eine von Gott kommende Poesie. Wenn Christus bald Löwe, bald Lamm […] heißt - was ist das, wenn nicht poetisch?"*

Bibelgeleitete Theopoesie als Summe der Exegese und der biblischen Theologie, als Lobpreis, Bekenntnis und Anbetung ist dann nicht eine Erniedrigung der Theologie, sondern ihre höchste Höhe und ihr größter Gipfel. Nach E. Peterson bleibt Theologie nicht Gotteserkenntnis, sondern wird *„Gotteslob nach Art der Engel"*.

Der Wüstenvater Evagrius Ponticus († 399) schreibt in seinem Traktat „Über das Gebet" im Kapitel 60: *„Bist du ein Theologe, dann weißt du auch richtig zu beten. Wenn du wirklich zu beten verstehst, so bist du ein Theologe."*

Und im Kapitel 80 fährt er fort: *„Wenn du wirklich betest, entsteht in dir ein tiefes Gefühl des Vertrauens. Engel werden dich begleiten und dir den Sinn der ganzen Schöpfung erschließen."*

Teil II:
Lobpreis des drei-einen Gottes als Vollendung theologischer Arbeit

Ulrich Wilckens

Vorbemerkung:
Hauptthemen des Neuen Testaments in der Anbetung im Geist und in der Wahrheit

Die nachfolgenden Gebete sind meinem Lebenswerk „Theologie des Neuen Testaments", Band II: Die Theologie des Neuen Testaments als Grundlage kirchlicher Lehre, Teilband 1: Das Fundament, und Teilband 2: Der Aufbau, Neukirchener Verlag, 2007-2009, entnommen.

Dort geht es darum, den Hauptzweig der Wissenschaft Neutestamentlicher Exegese so zu reformieren, dass die historische Arbeit in einer *„Neutestamentlichen Dogmatik"* zusammengefasst wird. Darin ist der zu behandelnde Text nicht mehr die Vielzahl der Schriften des Neuen Testaments, sondern das Ganze des Kanons der Heiligen Schrift, wie er der Kirche für ihre Lehre und ihr Leben in Gottesdienst und Frömmigkeit vorgegeben ist. Zu diesem Ganzen des Kanons gehört auch das Alte Testament, mit dem zusammen das Neue Testament allein Grundlage des Glaubens der Kirche ist.

Diese Anlage hat zur Voraussetzung, dass die biblischen Texte als *„Wort Gottes"* ernst genommen werden. Und weil Gottes Wort schöpferischen Charakter hat, sodass durch Gottes Handeln *geschieht*, was er in seinem Wort *zusagt*, ist die Bibel als die Heilige Schrift *das Buch der Geschichte Gottes* mit seinem Volk Israel, das sich in der Geschichte Jesu Christi vollendet hat und als solche von der Kirche aus allen Völkern und durch alle Zeiten hindurch bezeugt wird.

Für den Bibelleser bedeutet das die vielfältige Erfahrung, dass er/sie im *Lesen* der biblischen Texte *von Gott persönlich angesprochen* und selbst in die Geschichte Gottes mit hineingenommen wird. Diese Erfahrung ist ein Wunder, auf das man beim Lesen gefasst sein darf und dem man sich in seinem Innern nicht verschließen sollte. Das gilt besonders für den theologischen Lehrer, dessen Aufgabe es ist, der Kirche den Zugang zu Gottes Wort in der Heiligen Schrift in jeder Generation neu offen zu halten und so zugleich allen Schwestern und Brüdern für ihr Bibellesen eine Hilfe zu geben, den Sinn der Texte richtig zu erfassen und in ihrer Meditation falsche Wege zu meiden. Deswegen gehört auch zur wissenschaftlichen Arbeit theologischer Exegese das Ernstnehmen dessen wesenhaft hinzu, dass es *Gott selbst* ist, den die biblischen Texte in aller geschichtlichen Vielfalt in seinem Reden und Handeln bezeugen.

So stellt sich bei der Auslegung der biblischen Texte *ein Dialog* ein – ein Dialog nicht nur mit deren Verfassern und ihren Gemeinden, sondern darin auch *mit Gott*; und nicht nur ein Dialog in mir zwischen dem Inhalt des Gelesenen und Gedachten mit mir selbst, sondern wunderbarerweise auch zwischen der lebendigen Stimme Gottes, Jesu Christi und des Heiligen Geistes und mir persönlich als von Gott Angesprochenem.

Und *dieser Dialog ist bereits ein Gebet!* Gewiss ein Dialog mit ernsten Fragen und oft schwierigen Antworten, aber doch ein Dialog, der schließlich übergeht in einen Lobpreis Gottes. Und weil solcher Lobpreis dem Wesen des Handelns Gottes voller Staunen nachgeht und es doxologisch wiederholt, ist dieser Lobpreis zugleich auch die letztmögliche Weise, die Einheit und Ganzheit des Evangeliums im biblischen Kanon zu erkennen. In meiner „Dogmatik des Neuen Testaments" schließen darum alle Kapitel mit einem Lobpreisgebet ab und erfüllen so auf geistliche Weise die Funktion der inhaltlichen Zusammenfassung.

1. Die Heilige Schrift,
erleuchtet und erleuchtend durch den Geist Gottes

Gepriesen bist Du, Heiliger Geist!

Du bist zugegen in allem, was die Apostel, Propheten und Lehrer des Anfangs verkündigt und gelehrt haben.

Ihre Zeugnisse machst Du Deiner Kirche zur Heiligen Schrift.

Gepriesen bist Du, Heiliger Geist!

Du fügst die verschiedenen Zeugnisse der Schrift zur Einheit des Wortes Gottes zusammen, aus der die Kirche die Grundbekenntnisse gewonnen hat, in denen sie zu allen Zeiten die Wahrheit des Evangeliums von Jesus Christus, dem Sohn Gottes, bekennt.

Lass die zerspaltene Kirche unserer Gegenwart im Zeugnis der Heiligen Schrift die Einheit des Glaubens wiederfinden.

Gepriesen bist Du, Heiliger Geist!

Du schaffst Glauben in den Herzen derer, die in der Heiligen Schrift das Wort Gottes hören, und Verstehen des Gehörten in der Vernunft derer, in denen Du das Licht der Wahrheit des Evangeliums entzündet hast.

Wehre allem Irrglauben und aller Wahrheits-widrigen Lehre unter uns.

Gepriesen bist Du, Heiliger Geist!

In der Taufe hast Du uns zu Kindern Gottes gemacht und geheiligt. Aus der Heiligen Schrift lässt Du uns hören, was wir in der Nachfolge Jesu Christi, unseres Herrn, zu tun und zu lassen haben.

Wir danken Dir, dass Du uns zu diesem Gehorsam befreit hast, und bitten Dich:

Schenke uns täglich neu Deine Führung, Deinen Anruf, Deine Gaben und hilf uns, den Weg der Wahrheit nicht zu verlieren.

Gepriesen bist Du, Heiliger Geist!

Wir wissen nicht die rechten Worte des Gebets zu finden, die Gott erreichen.

Du lehrst uns, mit Worten der Schrift und mit dem Vertrauen des Herzens zu unserem Gott zu beten, ihn zu preisen und ihm zu danken, ihn füreinander anzurufen und auch für uns selbst zu bitten.

Sei unser Anwalt und lass das Seufzen unserer Sehnsucht in das Ohr des himmlischen Vaters gelangen.
Hilf uns, unablässig zu beten und darin nicht zu erlahmen und nicht irre zu werden.

Gepriesen bist Du, Heiliger Geist!

Du hast uns geschenkt, teilzuhaben am Leben unseres
auferstandenen Herrn, schon jetzt auf Erden und dann
vollendet an seinem Tage.

Du entzündest in uns die Hoffnung auf diese Zukunft,
die uns in der Schrift verheißen ist.

Hilf uns, in der Kraft dieser Hoffnung alle Widrigkeiten und
Leiden unseres irdischen Lebens tapfer zu ertragen und laß
uns in allem Dunkel unserer Gegenwart das Licht des ewigen
Sieges der Liebe Gottes immer wieder aufleuchten.

Wir haben hier keine bleibende Heimat:

Lass uns den Weg finden zur künftigen Stadt Gottes,
die vom strahlenden Licht der Herrlichkeit Gottes in Jesus
Christus ewig erleuchtet sein wird.

Amen.

Band II, Teil 1, S.85

2. Der wunderbare Gott
in der Kraft seines Namens

– O Du wunderbarer Gott, gepriesen bist Du in Deiner
barmherzigen Liebe, der Du auch in Deinem Zorn treu bist
und immer treu bleibst!

– O, Du wunderbarer Gott; Du bist Du-Selbst darin,
dass Du uns als Deine Kinder liebst.
Deine ganze eigene Ehre und Herrlichkeit bringst Du darin
zur Wirkung, für uns da zu sein.
Du liebst uns auch noch als Dir Widerstreitende,
Treubrüchigen bewahrst Du die Treue deiner Liebe.

– O Du wunderbarer Gott, der Du den Widerstreit zwischen
deiner Liebe zu uns und Deinem Zorn gegen uns in Dir
selbst annimmst und zuläßt um unseretwillen.
Deine ganze Allmacht setzt Du ein, um diesen Widerstreit in
Dir selbst zu überwinden.
Wie Du durch Dein schöpferisches Wort alles aus dem
Nicht-Sein ins Sein gerufen hast, und wie Du Tote zum
Leben erwecken kannst, so hat Deine Barmherzigkeit
die Kraft, Dir feind Gewordene zu retten und in Deiner
Gemeinschaft zu erhalten.

Amen.

Band II, Teil 1, S.170

Barmherziger Gott, in der Freiheit, die Du uns schenkst,
mutest Du uns zu, selbst verantwortlich zu sein für die
Folgen unseres Tuns. „In Dir ist die Quelle des Lebens"[90],
»Leben in Fülle«[91].

Wenn wir uns dieser Quelle entziehen, um uns selbst zur
Quelle – selbstverwirklichten – Lebens zu machen,
werden wir zu Agenten unseres eigenen Todes[92] .

Dass Du, Gott, diesen Tod eines Sünders nicht willst[93],
und uns eindringlich fragst: „Warum wollt ihr sterben?"[94]
das ist das Wunder Deiner Liebe; und dass Du diesen Willen
Deiner Liebe an uns verwirklichst,
ist das Wunder ihrer Allmacht.

Deine Vergebung vermag die Zerstörungen zu heilen,
die wir unserem Leben antun.
„Gott für uns", das ist Dein Name.
Darauf können wir vertrauen.
Gepriesen sei Dein Name.

Amen.

Band II, Teil 1, S.172

---

90 Ps 36,10.
91 Joh 10,10.
92 Röm 6,23; Jak 1,15.
93 Ez 18,23.
94 Ez 33,11.

Barmherziger Gott! Am Kreuz von Golgata und in seiner Auferweckung aus diesem Tod hast Du, o Gott, Deine Selbstoffenbarung vom Sinai in der Selbsthingabe Deines Sohnes zur endgültigen Wirklichkeit des Heiles für alle Menschen und Völker werden lassen und in seiner Auferweckung aus diesem Tod für unsere Sünden (1. Kor 15,3) die Macht der Sünde und des Todes über unser aller Leben auf ewig gebrochen.

Barmherziger Gott, wir preisen Dich und beten Dich an.

Barmherziger Heiland: Durch Dein heiliges Kreuz hast Du die Welt mit Deinem Vater versöhnt.

Heiliger Geist, Du Geist des Vaters und des Sohnes, sei gepriesen jetzt und in Ewigkeit.

Amen.

Band II, Teil 1, S.174

3. Gott, der Vater Jesu –
Jesus, der Sohn des Vaters

Vater, lass uns teilhaben an der Stunde, in der Dein Sohn
seine Sendung erfüllt hat und zu Dir zurückkehrt,
von dem er zu uns gekommen ist.

Lass uns im Glauben teilhaben an Deiner Verherrlichung
durch ihn und an seiner Verherrlichung durch Dich,
teilhaben an Deinem Leben, das er uns gebracht hat,
an Deinem Licht, das er vom Uranfang an hat aufstrahlen
lassen.

Jesus, Du hast uns den heiligen Namen des Vaters offenbart.
In Deinem Wort haben wir ihn in uns aufgenommen.
Wir glauben an Deinen Vater als unseren Vater,
und wir glauben an Dich, den er in die Welt gesandt hat.
Dein Geschenk ist dieser Glaube – Du hast ihn uns gegeben,
weil Dein Vater uns Dir anvertraut hat.

Wir bitten Dich, Vater, füreinander.
Mit unserer ganzen Existenz gehören wir zu Deinem Sohn
und darum nicht mehr zur Welt, gehören wir Dir als Deine
Kinder und nicht mehr uns selbst.

Bewahre und schütze uns, solange wir in dieser Welt leben,
vor allen Heimtücken des Bösen und vor allem,
womit wir uns Dir, unserem Gott, entfremden
und unser eigenes Leben schädigen.
Heilige uns, Deine Kirche, in der Wahrheit, die Jesus uns in
seinem Wort offenbart.

Und sende uns in die Welt, erleuchtet durch Deine Wahrheit,
getragen durch Deine Barmherzigkeit,
gebunden in Deinem Willen,
gesegnet durch Dein Wort.

Jesus, wir bitten Dich für Deine ganze Kirche, für alle, für die
Du, unser guter Hirte, Dein Leben hingegeben hast.
Lass alle, die Deinen Namen tragen, in Dir eines sein, wie Du
eines bist mit dem Vater, und überwinde alle Trennungen,
die Deine eine Kirche spalten.
Gib, dass alle, die Du Dir als Deine Jünger und Gottes Kinder
erworben hast, in Dir leben und Du in uns, wie Du im Vater
lebst und er in Dir.

Vater im Himmel, wir danken Dir, dass Du uns liebst wie Du
Deinen Sohn liebst,
und wir preisen Deinen heiligen und wunderbaren Namen,
den er uns offenbart hat als die Sonne,
die über uns scheint heute und in aller Ewigkeit.

Amen.

Band II, Teil 1, S.223

4. Der Tod und die
Auferstehung Jesu Christi

Gepriesen bist Du, Gott, für Deine Liebe und Dein
Erbarmen, die Du uns in Jesus Christus erwiesen hast,
Deinem Sohn und unserem Herrn!
Es war Dein Heilswille, dass er, der Gewalt von Menschen
ausgeliefert, den Tod am Kreuz erleiden sollte.

Durch Deine Allmacht aber hast Du ihn auferweckt aus
diesem Tod und ihn als den Herrn und Messias über alle zu
Dir erhoben.
Wer sich im Glauben an ihn zu Dir bekehrt,
wird gerettet werden.

Gepriesen ist, Christus, Gottes Sohn, Dein Gehorsam zu
Deinem Vater. Du hast seinen Willen erfüllt, hast Deine
Nähe zu ihm vertauscht mit der Nähe zu uns Menschen,
bist uns gleichgeworden in allen Schwachheiten und Leiden
irdischen Daseins bis zum Tod.

Und weil Du in all dem getan und erlitten hast, wozu der
Vater Dich in die Welt gesandt hat, darum hat er Dich aus
dem Tod am Kreuz zu Dir erhoben und Dir seinen heiligen
Namen zu eigen gegeben, mit dem Dich alles anruft und
anbetet, was Macht hat im Himmel, auf Erden und in den
Abgründen der Tiefe:
Dich, den einen Herrn zur Ehre Deines Vaters, des einen Gottes.

In allen Gottesdiensten Deiner ganzen Kirche dürfen die
Deinen Dich loben und preisen zusammen mit der großen
himmlischen Gemeinde um Deinen Thron.

Gepriesen ist Deine Liebe, Gott, in der Du Deinen einzig-
geliebten Sohn in den Tod hingegeben hast, den unsere
Sünde verschuldet hat, um uns von ihrer Macht über uns zu
befreien und uns aus dem Tod zum Leben zu erretten.

Gepriesen ist Deine Liebe, Christus, zu uns Sündern:
Stellvertretend für uns hast Du Dein heiliges Leben für
unser im Bösen verwirktes Leben hingegeben, bist für
uns gestorben, damit wir an Deinem Auferstehungsleben
teilhaben und fortan nicht mehr für uns selbst leben müssen,
sondern ganz für Dich als die Deinen.

Gepriesen ist Deine Gnade, Gott, durch deren Kraft wir im
Wunder der Taufe neu geschaffen worden sind, aus Sündern
gerecht, aus Deinen Feinden Deine Kinder geworden.
Und gepriesen ist Deine Liebe, Christus, unser Herr, in
der Du uns teilgibst an Dir selbst im Geheimnis Deines
heiligen Mahles, an Deinem Leib, den Du am Kreuz für uns
hingegeben, und an Deinem Blut, das Du für uns vergossen
hast.

Gepriesen bist Du, Christus, Sohn Gottes, unser Hoherpriester, gepriesen Dein herzliches Erbarmen, in dem Du, uns
Menschen in allem gleich geworden, mit uns gelitten und
selbst unsere Todesängste mit uns geteilt hast; und gepriesen ist
Dein Gehorsam, den Du erlernt hast, um uns Sündern helfen
zu können. Deswegen hat Gott Dich aus dem Tode erhöht.

Als unser Hoherpriester bist Du mit Deinem eigenen Blut in
das Allerheiligste des himmlischen Tempels eingetreten, um
vor Gott unsere Sünden zu sühnen ein für allemal, um den
neuen und ewigen Bund zu begründen, in dem wir ewiges
Heil finden durch Dich, Du Hoherpriester voller Treue und
Wahrheit.

Gepriesen bist Du, Gott des Friedens, Vater des Sohnes,
unseres Hohenpriesters, und gepriesen bist Du, Christus,

Sohn des Vaters, Anfänger und Vollender des Glaubens: Deiner Gnade verdanken wir unser Heil und Deiner Barmherzigkeit die Befreiung unseres Gewissens zu Deinem Dienst, Jesus Christus, gestern und heute derselbe und derselbe in alle Ewigkeit.

Amen.

Band II, Teil 1, S.267f.

5. Der Heilige Geist

Ohne das allertiefste Erstaunen angesichts Deiner Wunderbarkeit, Heiliger Geist, ist von Dir nicht zu reden, auch nichts zu erfahren und gar nichts im Denken zu begreifen.
Wer Dich kennengelernt hat, kann nicht aufhören, Dich zu preisen in Deiner Einheit mit Gott in Christus Jesus.
Wer Dich nicht kennt, weiß nichts von der Wirklichkeit des Schöpfers, der alles, was da ist, ins Sein gerufen hat.
Er weiß darum auch nichts von der wahren Wirklichkeit seiner selbst, aller Menschen, der ganzen Welt.

Wie viel immer wir Menschen mit unseren Wissenschaften von der Schöpfung auch erforschen und erklären mögen
– von Gottes Schöpferwort und Schöpferkraft, die alles entstehen und auch vergehen lässt, wie er es will, erkennen sterbliche Menschen nur durch Dich, Du ewiger Geist der Wahrheit und Mittler alles Verstehens.
Du bist die Quelle aller Erkenntnis,
die Quelle alles Wahren und Guten.
Wenn wir uns abkehren von Dir,
geht all unser Denken und Handeln in die Irre.

Du hast Mose und die Propheten inspiriert,
und all ihre Verheißungen einer neuen Welt, eines neuen Bundes und einer neuen Heilsgemeinde sind gültig und wahr durch Dich, Du Urquell aller Prophetie. In Jesus Christus ist erfüllt, was Gott durch Dich verheißen hat.
Durch Dich, Du Kraft des Höchsten, hat unser Erlöser sein Leben empfangen im Leib der Jungfrau Maria. Du hast ihn mit der Kraft der Königsherrschaft Gottes erfüllt.

Durch Dich, Du neuschöpferischer Geist, hat Gott ihn aus
dem Tode erweckt, den er für uns gestorben ist.
Dich haben der Vater und der Sohn in ihrer ewigen Einheit
und Gemeinschaft in die Mitte der Kirche gesandt.

Deine Kraft, Heiliger Geist, ist die grenzenlose Kraft der
rettenden und heilenden Liebe Gottes in der Liebe Christi.
Du bekehrst in ihren Sünden verlorene Menschen zum
Glauben an ihn.
Wir dürfen uns dieser Liebe ganz und gar anvertrauen.
Wir dürfen frei werden von der Verstrickung in das Böse.
In der Taufe hast Du Gottes Liebe in unsere Herzen
ausgegossen und erfüllst unser ganzes Leben mit ihr.

Du schaffst eine Gemeinschaft von Brüdern und Schwestern,
in der alle trennenden Unterschiede in der Tiefe aufgehoben
sind; eine Gemeinschaft, die aus unserer gemeinsamen
Teilhabe an Gottes Liebe und dem Leben Christi erwächst
und uns in Liebe miteinander verbindet.
Du schaffst immer neu die Einheit der Kirche Gottes,
die wesenhaft eines ist:
als eine weltweite Familie des einen Gottes,
die ihm gehört und an seiner Heiligkeit teilhat.

Du, Heiliger Geist, hast den Aposteln Deine Vollmacht gegeben,
dass in ihrer Verkündigung Gottes Wort und Christi Stimme
lebendig-wirksam sind.
Und Du lässt auch alle Hirten der Kirche aller Zeiten
an der Vollmacht der Apostel teilhaben.

Du bist im Gottesdienst der Kirche aller Orte und aller Zeiten
gegenwärtig als der eine und selbe Geist mit der reichen
Vielfalt seiner Gaben.
Du wehrst allem Missbrauch Deiner Gaben und überwindest
alle Trennungen, die dadurch entstehen.

Immer wieder bewegst Du uns zu einer Praxis gegenseitiger
Liebe, in der wir einander dienen und die anderen höher
einschätzen als uns selbst, damit die Kirche ihre Einheit und
Gemeinschaft bewahrt und wieder erhält.
Hilf uns, der Liebe zu gehorchen,
in der Gott der Vater und Gott der Sohn in Dir eines sind,
dem Geist des Vaters und des Sohnes.

Amen.

Band II, Teil 1, S.313

6. Das Evangelium

Heiliger Gott, mit Deinem heiligen Wort berufst Du Deine
Erwählten und leitest, mahnst und tröstest Du uns allezeit.
Was Du zusagst, geschieht; und in Deinem Wort ist die
Erfüllung immer schon gegenwärtig.
Das gibt ihm seine Kraft und seine Vollmacht und macht uns
all seiner Zusagen völlig gewiss.
Im Evangelium Jesu Christi erfüllst Du die Verheißungen des
Neuen Bundes, die Du Deinem Volk durch Deine Propheten
gegeben hast.

Im Tod Deines Sohnes am Kreuz hast Du uns Vergebung
aller Sünden und in seiner Auferweckung von den Toten die
Teilhabe an seinem Auferstehungsleben geschenkt.
Und im Evangelium sprichst Du uns diese ewige Versöhnung
und Erlösung selbst zu im Wort Deiner Apostel,
die Du gesandt und bevollmächtigt hast,
uns Dein Evangelium zu verkündigen.
Heiliger Gott, wir danken Dir für Dein heiliges Evangelium.

Christus, unser Herr, wir danken Dir, dass Du uns die
Geheimnisse der ewigen Königsherrschaft Gottes in der
Vollmacht seines Sohnes verkündigt hast.
Du hast Sünder in Deine Nähe gerufen und mit ihnen
gegessen[95] und Gerechten zugemutet, sie als ihre Brüder und
Schwestern anzunehmen.[96]
Du hast uns gelehrt, unsere Feinde mit Deiner Liebe zu lieben.[97]

---

95 Mk 2,13-17
96 Lk 15,29-32
97 Mt 5,44

Wir danken Dir für Deine Liebe, die Du uns in der Hingabe
Deiner selbst in den Tod am Kreuz erwiesen und geschenkt hast.
Wir bitten Dich, Christus, unser Heiland:
Dein Friede regiere uns ganz und gar, und Dein Wort wohne
mit seinem Reichtum in unseren Herzen.[98]

Heiliger Geist, wir danken Dir, dass Du uns das Evangelium
als Wort Gottes hören lässt und uns schenkst,
ihm im Glauben zu gehorchen.

Heiliger Geist, wir danken Dir, dass Du im Evangelium die
ganze Vollmacht und Kraft Gottes zur Wirkung bringst.
Wir preisen Dich, dass Du mit Deinem Licht
die ganze Schöpfung durchdringst
und das Evangelium zu allen Völkern bringst.

Wir danken Dir, dass Du auch uns das Evangelium als Gottes
Wort hören lässt und uns schenkst,
ihm im Glauben zu gehorchen.
Gib uns, dass das Evangelium auch unser ganzes inneres
Leben erfüllt und unser Herz erleuchtet.[99]

Wir bitten Dich, Heiliger Geist: Offenbare uns die Tiefen der
Geheimnisse[100] Gottes und bekehre unsere Vernunft,
dass wir im Glauben die Wahrheit des Evangelium erkennen
und Gott lieben über alle Dinge.

Amen.

Band II, Teil 2, S.18

---

98 Kol 3,15f
99 2. Kor 4,6.
100 1. Kor 2,10.

7. Die Taufe

Herr Jesus Christus, auf Deinen Namen sind wir alle getauft, und Deinen Namen tragen wir als Christen.
An Deinem Tod für uns und an Deiner Auferweckung hast Du in der Taufe jedem von uns Anteil gegeben; und durch die Schöpfungskraft des Heiligen Geistes sind wir aus der Herrschaft von Sünde, Tod und Teufel frei geworden.
Keiner der lebenzerstörenden Mächte der ganzen Welt sind wir so ausgeliefert,
dass wir ihnen wie Sklaven dienen müssten.

Wer Dir nachfolgt, hat sich selbst ganz in Deine Hand gegeben, aber es ist die Hand Deiner unendlichen persönlichen Liebe, die Tag für Tag unsere Stirn berührt und unser ganzes Leben segnet – in alle Zukunft hinein.
Durch die Taufe hast Du uns alle zu Gliedern an Deinem eigenen Leib gemacht, den Du für uns hingegeben hast.
Es ist der Geist Deiner Liebe, der uns einander so zu lieben bewegt, wie Du einen jeden von uns geliebt hast.

Gott, unser Vater: In der Taufe hat uns Dein Heiliger Geist an Deiner Heiligkeit Anteil gegeben.
Als Deine Heiligen sollen wir leben.
Hilf uns, dass wir in unserem ganzen Verhalten diese Heiligkeit einüben.

Dein Geist bewahre uns vor Abfall von Dir; und er lehre uns, einander treu zu bleiben als Mann und Frau und als Vater und Mutter. Wehre aller Selbstsucht in uns und schütze uns davor, ihr zu verfallen.
Und wenn wir fallen, so hebe Dein Geist uns auf und leite uns zu rechtzeitiger Umkehr zu Dir.

Sei gepriesen, Gott, Vater, Sohn und Heiliger Geist, der Du uns in der Taufe auf ewig zu den Deinen gemacht hast.

Amen.

Band II, Teil 2, S.57

8. Das eucharistische Mahl

Herr Jesus Christus,

in Deinem heiligen Mahl bist Du selbst inmitten Deiner
Gemeinde gegenwärtig. Als Gottes Sohn hast Du Dich mit
Deinem eigenen Leib ganz für uns hingegeben und gibst
uns in Brot und Wein Anteil an der Heilswirkung Deines
Sterbens, der Vergebung der Sünden.

Wenn wir am Tag Deiner Auferstehung zusammenkommen,
um Deines Todes zu gedenken, machst Du uns alle erneut zu
Brüdern und Schwestern, die Glieder an Deinem Leib sind.

Weil es Deine Liebe ist, Christus, die wir beim Essen und
Trinken in unser Leben hineinwirken lassen, ist Deine
Eucharistie die Quelle ständig erneuerter Liebe untereinan-
der. Hilf, daß wir im Verhalten zueinander nicht Deine
Kirche verachten, die Dein Leib ist, den wir in Deinem Mahl
empfangen.

In jeder Feier Deines Mahles ist zusammen mit Dir Deine
ganze Kirche gegenwärtig, die in der Zukunft der Vollendung
des Reiches Deines Vaters endgültig und ewig mit Dir vereint
sein wird. Wir bitten Dich: Hilf, daß Deine irdische Kirche
ihre vielfache Spaltung überwindet und wieder zur Einheit
Deines Leibes zurückfindet.

Sei gepriesen, Du Mahlherr Deiner Kirche; und gepriesen sei das Geheimnis Deiner Gegenwart in der Einheit mit dem Vater und dem Heiligen Geist.
Sei gepriesen, Du einzig-einer Gott in Ewigkeit.

Amen.

Band II, Teil 2, S.85

9. Die Kirche

Sei gepriesen, drei-einer Gott!

Du, Gott Israels, hast Deine Kirche als die Vorhut der
endzeitlichen Heilsgemeinde ins Leben gerufen,
in der Dein Volk mit allen Völkern der Welt geeint sein wird.

Dein Leib, Herr Jesus Christus, ist die Kirche. Denn Du hast
Deinen eigenen Leib für sie in den Tod hingegeben,
damit alle, die an Dich glauben,
an Deinem Auferstehungsleben Anteil haben.

Du, Heiliger Geist, belebst die Kirche mit dem Odem des
künftigen ewigen Lebens und bewegst durch die Fülle Deiner
Gaben alle Getauften als Glieder des einen Leibes Christi zu
gegenseitigem Dienst in seiner Liebe.

Heiliger Gott, die Mahlfeier ist der Quellort
des Lebens Deiner Kirche.
Hier ist Dein Sohn mit der ganzen Geschichte seines Wirkens,
seines Todesleidens und seiner Auferweckung
mitten unter uns gegenwärtig da.
Hier gibt Dein Geist uns allen im Voraus Anteil an Deiner
vollendeten Einheit und Gemeinschaft mit Deinem Sohn.
Hier versammelst Du in jeder gottesdienstlichen Gemeinde
Deine ganze Kirche.

Und von hier aus geht Dein Evangelium
hinaus zu allen Menschen,
damit die Welt zum Glauben komme
und an der Liebe derer, die an Dich glauben,
Deine Liebe erkenne, die allen gilt.

Heiliger Gott: Lass bald Deine so vielfach gespaltene
und verirrte Kirche in diesem Mahl der Gemeinschaft
mit Dir ihre Einheit wiederfinden,
die Du ihr eingestiftet hast.

Amen.

Band II, Teil 2, S.119

10. Die Vollendung
des Heilshandelns mit Israel
und in der Kirche Jesu Christi

Gepriesen bist Du, Herr!
Der einzig-eine Gott bist Du „barmherzig, gnädig, geduldig,
reich an Liebe und Treue" (Ex. 34,6).
Das ist Dein heiliger Name, den Du Israel offenbart hast.
Und die Wahrheit dieses Namens hast Du in Deiner ganzen
Geschichte mit Deinem erwählten Volk immer neu erwiesen.
Trotz seines ständigen Zuwiderhandelns hast Du Israel nicht
verstoßen, sondern ihm die Treue Deiner Erwählung bewahrt
über alle Gerichte Deines gerechten Zorns hinaus.

Im Tod Deines Sohnes hast Du allen Bundesbruch Israels
und alle Sünden aller Völker der Welt endgültig getilgt;
und in seiner Auferweckung hast Du
seiner rettenden Liebe ewigen Sieg geschaffen.
In ihm, Jesus Christus, hast Du die Wahrheit Deines heiligen
Namens in letzter Selbsthingabe für uns alle vollendet.

Aber selbst diese letzte Heilstat Deiner Liebe hat ein großer
Teil Deines Volkes nicht angenommen.
So ist Deine Geschichte mit Israel
nicht eingemündet in die endzeitliche Heilsgemeinschaft
Deiner Erlösten aus allen Völkern,
sondern Israel ist seinen eigenen Weg gegangen
abseits Deiner Kirche.

Deine Kirche aber hat Israel nicht ständig Deine Liebe
bezeugt, um ihm so die Rückkehr zu Dir inmitten Deiner
endzeitlichen Heilsgemeinde in Liebe offenzuhalten.

Sie hat die Juden ihren eigenen Weg gehen lassen, ohne zu erkennen, daß sie auch so Dein auserwähltes Volk sind.
Ja, es kam zu Hassausbrüchen, denen sie nicht gewehrt hat, und sogar zu Zwangsbekehrungen, denen niemand Einhalt geboten hat.

So hat Deine Kirche der Rückkehr Israels zu Dir
viel mehr selbst im Wege gestanden als ihm dazu zu helfen.
Zuletzt hat ein teuflischer Vernichtungswahn
Millionen Deines Volkes umgebracht.
Mit Entsetzen und Scham steht dieses Verbrechen
allen Völkern vor Augen;
und Deine Kirche teilt die Klage Israels
über das unsägliche Leid und Unrecht,
das ihm widerfahren ist.

Mit neuen Augen sehen wir nun auf die Anfangsgeschichte
der Ablehnung Deines Evangeliums durch einen Großteil
Israels zurück, wie sie uns in der Schrift bezeugt ist.
Wir hören Deine Klage, Herr Jesus, über so viele
verschlossene Ohren.

In demütiger Dankbarkeit beten wir Deine Liebe an,
in der Du Dich selbst zur Erlösung Deines Volkes
in den Tod hingegeben hast.
Wir nehmen teil an dem Schmerz und der tiefen Trauer der
Apostel über das Nein Israels gegen diese Vollendung Deines
Erbarmens, Du Gott Israels.
Wir bitten Dich: Öffne Du mit der Liebe Deines Geistes
Israel die Augen, Dein Heilshandeln
in der Geschichte Deines Sohnes zu erkennen.
Und wir hoffen darauf,
dass Du am Ende ganz Israel zum Glauben führen
und zur Teilhabe an Deinem Heil erretten wirst,
das Du in deinem Messias Jesus allen Glaubenden
aus allen Völkern geschaffen hast.

Gepriesen bist Du, der einzig-eine Gott, Vater, Sohn und Heiliger Geist: „Schild Abrahams".

Amen.

Band II, Teil 2, S.162f.

11. Das gute Gesetz
und die neue Freiheit

Sei gepriesen, Gott: Du hast uns zum Leben geschaffen
und in Deinem Gesetz uns Deinen Willen mitgeteilt,
wie wir handeln sollen, um im Leben zu bleiben.

Wir aber haben Deinen Willen verkehrt zu unserem
Eigenwillen und unser Leben von seiner Quelle in Dir gelöst.
Dabei behaftet uns Dein Gesetz und verurteilt uns zum Tod,
den wir mit unserer Sünde selbst gewählt haben.
Wir erkennen und bekennen:
Mit Deinem Zorn über uns bist du im Recht.

Sei gepriesen, Jesus, Sohn Gottes: Du hast das Gericht
über unsere Sünde auf Dich genommen, damit wir, vom
Todesurteil des Gesetzes nicht mehr betroffen, als Deine
Jünger frei werden zu neuem Leben im Gehorsam zu Gott.
Im Glauben an Dich erkennen wir: Du bist unser Erlöser.
Wir bekennen uns zu Dir als unserem Herrn.

Sei gepriesen, Heiliger Geist: Du lässt uns im Gesetz das
lebendige Wort Gottes hören und bewegst uns durch Jesus
Christus erlöste Sünder zum Leben nach dem Willen der
Liebe Gottes.

Wir erkennen: Du, Leben schaffender Geist,
heiligst uns zuinnerst und gibst uns die Kraft,
Gott zu lieben von ganzem Herzen
und im Glauben an Jesus Christus seinem Gebot zu folgen,
einander zu lieben, wie er uns geliebt hat.

Drei-einer Gott, Du Geber des Gesetzes,
Du Erlöser vom Fluch des Gesetzes,
Du Helfer zur Erfüllung des Gesetzes –
Dank sei Dir in alle Ewigkeit.

Amen.

Band II, Teil 2, S.201f.

12. Die Ämter
und die Einheit der Kirche

Gepriesen bist Du, Herr Jesus Christus: Du hast die zwölf
Jünger zu Augen- und Ohrenzeugen all Deines Wirkens in
der Kraft der Herrschaft der Liebe Deines Vaters gemacht.
Mit ihnen hast Du Dein letztes Mahl gehalten,
in dem Du Deiner Kirche aller Orte und Zeiten
Anteil gibst am Heilsgeschehen Deines Todes
und Deiner Auferstehung.

Als Auferstandener hast Du Deine Jünger als Deine Apostel
neu berufen, allen voran Petrus und Paulus,
die Zeugen Deiner Geschichte und die Verkünder
des Evangeliums der Gnade Gottes für alle Völker.

In ihrer Vollmacht hast Du Prediger, Hirten und Lehrer
in Deiner Kirche wirken lassen,
damit sie durch alle Zeiten hindurch
in der Wahrheit des Evangeliums
und in der Einheit des Heiligen Geistes bleibt.

Und doch ist diese Einheit Deiner Kirche in ihrer Geschichte
vielfach zerbrochen und die Wahrheit des Evangeliums
immer aufs neue verfehlt worden.
Du allein kannst ihre Einheit
in der einen Wahrheit wieder herstellen.

Wir danken Dir für alle Übereinstimmung in der Lehre,
die Du uns bereits hast erreichen lassen.
Wir bitten Dich um die Hilfe Deines Geistes,
um auch eine Einigung in der Anerkennung
und Erneuerung der Ämter zu finden.

Wir bitten Dich um die Kraft Deines Geistes
zu einer tiefgreifenden Erneuerung des ganzen Glaubens
und Lebens Deiner Kirche.
Gepriesen bist Du, Christus:
Du bist und bleibst das Haupt der Kirche, die Dein Leib ist.

Amen.

Band II, Teil 2, S.253f.

13. Die Schöpfung
und die Erlösung der Welt

Allmächtiger Gott,

Du hast alles geschaffen, und Du liebst alle Deine Geschöpfe.
Uns Menschen hast Du als Dein Ebenbild geschaffen
und uns darin eine Würde eingestiftet,
die in Deiner Würde gründet.

Jedem einzelnen von uns hast du sein eigenes Gesicht,
seinen eigenen Leib, seine eigene Seele,
seine eigene Geschichte gegeben mit Dir.
Mit Deiner Liebe umgibst und durchdringst Du unser Leben
und willst, dass wir einander so lieben,
wie wir Dich lieben sollen.

Schöpferisch ist all dein Handeln. Alles rufst Du ins Dasein.
Nichts ist ohne Dich, der alles regiert;
und nichts lebt, was Du nicht zum Leben erleuchtest.
Sehr gut ist, was Du geschaffen hast.
Doch viele Menschen wollen aus sich selbst
und für sich selbst leben,
ohne Dich als den Herrn über sich.
Von Adam her ist die Geschichte der Menschen
eine Geschichte der Sünde.

Deine ganze Welt ist böse geworden und verdirbt und zerstört
ständig alles Leben. Darum hast Du staatliche Ordnungsmächte
in dieser Welt eingesetzt und ihnen das Schwert anvertraut,
um Bösem zu wehren und Gutes zu fördern.

In eben diese Welt aber hast Du Deinen Sohn gesandt.
Im Uranfang war er Dir zur Seite als Dein ewiges Wort.
Durch ihn hast Du das All geschaffen.
Er ist das Licht, das jeden Menschen erleuchtet.
Mensch ist er geworden.

Für uns Menschen ist er am Kreuz gestorben
und lebt durch Deine Leben schaffende Kraft.
Neu geschaffen ist jeder, der an ihn glaubt;
neu geschaffen durch Deinen Geist,
so dass nicht mehr unser Eigensinn unser Leben bestimmt,
sondern der täglich neue Gehorsam zu Deiner Liebe,
die uns befreit.

Die neue Welt Deines ewigen Reiches wirkt in Deine Kirche
hinein und macht sie zum Vorort der neuen Schöpfung
inmitten der alten Weltzeit.
Wir bitten Dich: Erneuere Deine Kirche
und hilf jedem von uns,
die den heiligen Namen Deines Sohnes tragen,
zu der Heiligkeit Tag für Tag zurückzukehren,
zu der Du uns neu geschaffen hast.

Hilf, dass Deine Kirche der Welt das Evangelium
von Jesus Christus, Deinem Sohn,
als dem wahren Herrn über Deine gesamte Schöpfung
in der Vollmacht Deines Geistes mutig und klar verkündigt.
Hilf, dass an der Liebe Deiner Kinder zueinander
die Welt erkennen kann, wozu Du sie geschaffen hast.
Gib uns die Kraft, aller Verachtung der Menschenwürde
in unserer Nähe zu wehren.
Hilf in Deiner Allmacht, dass Krieg und Unterdrückung
in unserer Welt nicht überhandnehmen
und dass Hunger und Elend wirksam bekämpft werden.
Hilf den Staaten, dazu das Ihrige zu tun.

Heiliger Vater, wir hoffen darauf,
dass in Deiner Zukunft die Macht aller bösen Gewalt
endgültig zunichte werden
und die neue Welt Deines ewigen Reichs bald anbrechen wird,
der Du lebst und regierst in alle Ewigkeit.

Amen.

Band II, Teil 2, S.307

14. Die endzeitliche Heilsvollendung

Staunender Dank sei Dir, Du wunderbarer Gott, für die
großartige Hoffnung, die Du Deiner Kirche eröffnet hast:
Wie Du Dich dem Volk Israel in Deinem Namen offenbart hast
als der Gott, der seine Erwählten liebt
über allen Zorn gegen ihre Sünde hinaus,
so hast Du die Herrschaft Deiner Liebe
in der Geschichte Deines Sohnes zu ewigem Sieg vollendet:
Er hat die Allmacht deines Erbarmens für die Sünder verkündigt.

Er hat sich selbst für uns in den Tod hingegeben,
um uns von dem Tod zu erlösen,
den wir uns durch unsere Sünde erwirkt haben.
Du, Vater, Gott des Lebens, hast ihn auferweckt
aus diesem Tod zum ewigen Leben
in der vollendeten Einheit mit dir.
Und Du hast uns geschenkt,
an seinem Auferstehungsleben bereits teilzuhaben.

Du hast uns durch Deinen Geist
zu Neugeschöpfen Deiner Gnade gemacht
und uns die Hoffnung des Glaubens geschenkt
auf die endgültige Offenbarung unserer Aufnahme
in die ewige Gemeinschaft der Familie deiner Kirche.

Lobpreis sei dir: Durch dein Handeln hast du allen Völkern
eine gemeinsame Geschichte geschaffen,
die auf die Zukunft deiner Heilsvollendung zuläuft.
In Deinem Sohn gibst Du Deiner Kirche
schon im Erdenleben an dieser Zukunft Anteil.

In Deinem Geist erfährt sie Wirkungen aus dieser Zukunft
bereits jetzt in ihrer Mitte.
Durch Deinen Geist richtest du all unsere Sinne
in die himmlische Höhe zu Dir
und erhörst alle Gebete,
die wir in unserer menschlichen Sprache zu Dir emporsenden.

Allmächtiger Gott, als der Schöpfer aller Menschen
wirst Du auch aller Menschen Richter sein.
Die, die Dich bis zuletzt Dich, den einzig-einen Gott, nicht
als ihren Herrn anerkennen wollen,
wirst Du ewiger Vernichtung preisgeben.

Herr Jesus Christus, als unser Erlöser
wirst Du auch unser Richter sein.
In der Taufe auf Deinen Namen hast Du uns Dir
auf ewig verbunden und zu treuem Gehorsam verpflichtet.
Hilf uns durch die Kraft des Geistes,
dass wir die Treue zu Dir durchhalten unser Leben lang
und am Ende teilhaben werden an der ewigen Heilsgemeinde,
die Du um Dich versammeln wirst.

Doch die, die vom Glauben an Dich abfallen
und bis zuletzt nicht zu Dir zurückkehren werden,
werden an der vollendeten Heilswirklichkeit
nicht teilhaben können.
Wir bitten Dich aber: Erbarme Dich unser aller
in Deinem Gericht und schaffe auch allen Abtrünnigen
auf wunderbare Weise eine letzte Chance der Umkehr,
dass sie in Deinem Gericht das Licht Deines Willens sehen,
sie zu retten; und hilf,
dass keiner von ihnen endgültig verloren geht.

Heiliger Geist, wie der Schöpfer jedem,
der Menschenantlitz trägt, seinen Lebensodem eingehaucht hat,
so wirst Du jedem von uns einen neuen Leib schaffen,
in dem Du der Geist ewig-vollkommenen Lebens sein willst.

Doch während irdische Menschen dazu neigen
ihr eigenes Ich gegen andere durchzusetzen,
werden die, die durch Deine lebensschaffende Kraft
vom Tod auferweckt werden,
ganz von Deiner Liebe erfüllt und bestimmt sein,
die Gemeinschaft aller mit allen schafft.
Und so wird aus der irdischen Kirche,
die Du bereits jetzt einst,
die endzeitlich-vollkommene Gemeinde
des neuen Jerusalem werden.

Dich, Du wunderbarer drei-einer Gott,
loben und preisen alle Engel
und Deine ganze Kirche aus Israel und allen Völkern
der Vergangenheit, Gegenwart und Zukunft
als den Gott des ewigen Lebens.

Amen.

Band II, Teil 2, S.338f.

15. Anfang und Ziel:
Der drei-eine Gott

„ O welch eine Tiefe des Reichtums

der Weisheit sowohl wie der Erkenntnis Gottes!

Wie unergründlich seine Entscheide

und unerforschlich seine Wege!...

Ja, aus ihm und durch ihn und zu ihm hin ist alles:

Ihm (ist) die Herrlichkeit in alle Ewigkeit.

Amen"

(Röm 11,33.36)

Band II, Teil 2, S.348

Die Autoren

Ulrich Wilckens, Dr. theol., geb. 1928; 1958-1960 Dozent für Neues Testament an der Evangelisch-Theologischen Fakultät der Universität in Marburg, 1960-1968 Professor für Neues Testament an der Kirchlichen Hochschule Berlin und 1968-1981 eine Lehrtätigkeit als Professor für Neues Testament am Fachbereich Evangelische Theologie der Universität Hamburg; 1981-1992 Bischof der Nordelbischen Evangelisch-Lutherischen Kirche und „Catholica-Beauftragter" der Vereinigten Evangelisch-Lutherischen Kirchen Deutschlands. Seine bekanntesten Veröffentlichungen: „Theologie des Neuen Testaments" (zwei Bände bzw. sechs Teilbände), „Der Brief an die Römer" (einer der wichtigsten wissenschaftlichen Kommentare zum Römerbrief); „Das Evangelium nach Johannes" und „Das neue Testament. Übersetzt und kommentiert von Ulrich Wilckens".

Gunther Geipel, Jg. 1955, seit 1980 verheiratet mit Sigrid, drei Kinder und zwei Enkelkinder; in der DDR einst wegen christlicher Überzeugungen der Schule verwiesen und mit Studienverbot belegt, kirchliches Ersatzabitur und Studium der ev. Theologie an der kirchlichen Hochschule in Leipzig, seit 1980 im Pfarramt (Gemeindepfarrer, Jugendpfarrer, Kur- und Klinikpfarrer); seit 2009 Pfarrer in Bad Elster, Initiator der Lebensrechtsorganisation „Kaleb", ein Jahrzehnt Vorsitz eines diakonischen Vereins mit unterschiedlichen Lebenshilfe- und Bildungseinrichtungen, mehr als zwei Jahrzehnte Leiter des überkonfessionellen „Vogtländischen Leiterkreises". Verfasser mehrerer Bücher und Themenhefte.

GGE-PUBLIKATIONEN

GEISTESGEGENWÄRTIG

„Geistesgegenwärtig" ist die 28-seitige GGE-Zeitschrift im A4-Format, die vierteljährlich erscheint und kostenlos an rund 7000 Bezieher in Deutschland, Österreich und der Schweiz versendet wird. Als Nachfolgepublikation des „Briefes an die Freunde" will die GGE mit „Geistesgegenwärtig" regelmäßig vertiefend über theologische Themen, aktuelle Fragen des Glaubens und über Aspekte des Gemeindeaufbaus informieren. Die Zeitschrift richtet sich an alle, denen die Erneuerung der Kirche am Herzen liegt – konfessions-und denominatonsübergreifend.

GGE AKTUELL

Der Newsletter „GGE Aktuell" erscheint ca. sechs Mal im Jahr und wird als PDF-Datei elektronisch versendet. Er informiert über aktuelle Themen und Veranstaltungen der GGE in Deutschland. Der Newsletter kann auf unserer Webseite unter dem Menüpunkt Bestellen/Infos über die GGE angefordert werden.

GGE-VERLAG

Der GGE-Verlag ist das publizistische Organ der Geistlichen Gemeinde-Erneuerung mit Sitz in Hann. Münden. Der Verlag gibt Bücher zu Themen der persönlichen Erneuerung, des charismatischen Gemeindeaufbaus und zu politisch-geistlichen Themenbereichen heraus. Die meisten unserer Autoren sind theologisch und geistlich in der GGE beheimatet. Zu den Autoren des Verlages gehören u.a. Swen Schönheit, Manfred und Ursula Schmidt und Marianne Peuster. Auch der GGE-Film „Kirche im Geist des Erfinders" ist über den GGE-Verlag erhältlich.

www.gge-deutschland.de
www.gge-verlag.de